중국어, 나랑 한판 붙자!

끝장 중국어

저자 윤주영 감수 王新文

생활회화 끝장내기

끝장 중국어 생활회화 끝장내기

지은이	윤주영
펴낸이	윤주영
감수자	王新文
참여자	임화영, 한진, 정희정, 이우건, 박응식, 조안선, 김은미, 양일, 장소담
펴낸곳	HiChinese
펴낸날	2018년 1월 3일 초판 2쇄 발행
전화	(02) 335 1002
팩스	(02) 6499 0219
주소	서울 마포구 홍익로5안길 8
홈페이지	www.hichinese.co.kr
이메일	broadcast1@hienglish.com
등록번호	제2005-000040호
ISBN	979-11-85342-27-6
Copyright	ⓒ 2018 HiChinese
정가	14,900원

All rights reserved. No part of this publication may be reproduced, stored in a retrieval system, or transmitted in any form or by any means, electronic, mechanical, photocopying, recording, or otherwise, without the prior permission of the publisher.

머리말

『끝장 중국어』는 지난 2009년부터 저희 HiChinese를 신뢰하고 지지해 주신 국내 굴지의 1천여 개 고객사와 500명의 강사님, 그리고 전국 3만여 명의 학습자 덕분에 탄생하였습니다.

이 책은 15년 기업 출강 전문 HiEnglish의 외국어 교육 노하우와 중국 3대 명문 복단대 언어교육원의 체계적인 한어(汉语) 교수법을 바탕으로, 단지 어학 이론서가 아닌 중국어 교육 현장에서 검증된 실용적인 중국어 회화 향상의 정수(精髓)를 담았습니다.

중국어를 처음 배울 때 대다수 학습자는 어떻게 하면 중국어를 쉽고 빠르게 배울 수 있는지, 그 비법에 관해 질문합니다. 흔히 학습에는 왕도(王道)가 없다고 하지만, 외국어 학습은 보고(看), 듣고(听), 읽고(读), 쓸 수(写) 있어야 하는 종합 학습 완전체라고 할 수 있습니다.

이를 위해 본서는 총 4단계로 구성하여 중국어 입문자를 위한 기초 발음부터 중국과의 비즈니스를 위한 실무회화까지 중국어 실전 전(全) 영역을 아우르고, 또한 동영상강의와 MP3, SNS 커뮤니티를 통한 살아있는 중국어 교실을 체험하도록 만들었습니다.

不怕慢，只怕站！
구르는 돌에 이끼가 끼지 않는 것은 끊임없이 멈추지 않기 때문입니다.
꿈꾸는 만큼 성장하듯 마음먹은 만큼 중국어를 잘할 수 있습니다.
『끝장 중국어』와 함께 끝까지 쉬지 않고 중국어 학습에 정진하여 대륙의 큰 꿈을 품어보시길 바랍니다.

마지막으로 이 책이 있기까지 도움을 주신 HiChinese 직원들과 항상 현장에서 몸소 뛰시는 모든 HiChinese 강사님들께 진심으로 감사 뜻을 전하고 싶습니다.

2018년 겨울

윤주영

목차 및 학습 내용

머리말 003
목차 및 학습 내용 004
이 책의 구성 008
일러두기 010

01 我怎么称呼您呢？ 제가 당신을 어떻게 부르면 될까요? 011
- **학습 목표**: 호칭 | 첫인사 | 출신지
- **주요 표현**: 我怎么称呼您呢？| 您叫我小张就行。| 我是成都的。
- **주요 어법**: 호칭어 | 의문대명사 哪里 | 이합사
- **중국 문화**: 중국에서는 나도 帅哥, 美女!!

02 明天几点叫醒您？ 내일 몇 시에 모닝콜 해드릴까요? 021
- **학습 목표**: 체크인 | 제시 요청 | 서비스 문의
- **주요 표현**: 我想办理入住手续。| 能看一下您的护照吗？| 明天几点叫醒您？
- **주요 어법**: 동사,개사 给 | 조동사 能 | 是~的 구문
- **중국 문화**: 춘절에는 가족과 함께 年夜房에서 年夜饭을 …

03 我要把韩元换成人民币。 원화를 인민폐로 바꾸려고요. 031
- **학습 목표**: 거리 묻기 | 소요 거리 | 환전
- **주요 표현**: 从饭店到银行有多远？| 不到一百米。| 我要把韩元换成人民币。
- **주요 어법**: 从 A 到 B | 의문부사 多 | 부정부사 别
- **중국 문화**: 여러분, 대박 나세요 ~ 168(一路发)

04 我差点儿忘了。 하마터면 잊을 뻔했네요. 041
- **학습 목표**: 반문 | 부정적 표현 | 약속장소
- **주요 표현**: 我们不是约好今天见面了吗？| 我差点儿忘了。| 我对那儿还不太熟悉。
- **주요 어법**: 반어문 不是~吗？| 부사 差点儿 | 개사 对
- **중국 문화**: 작고 가볍고 간단한 것을 선호하는 중국 젊은이들의 '微' 문화

05 我可能会晚点儿到。 저는 늦게 도착할 것 같아요. 051

- **학습 목표** 가능성 | 제안 | 놀람
- **주요 표현** 我可能会晚点儿到。| 与其这样，不如换地铁去。| 完了，我坐过站了！
- **주요 어법** 부사 可能 | 与其A不如B | 존재를 나타내는 동사 在와 有
- **중국 문화** 중국판 자해공갈단 碰瓷

06 这边的商品最受欢迎。 이쪽 제품이 가장 인기가 많아요. 063

- **학습 목표** 상품소개 | 요청 | 가정
- **주요 표현** 这边的商品最受欢迎。| 请把那个给我看看。| 如果您有会员卡，就可以打折。
- **주요 어법** 동사의 중첩 | 如果A就B | 把+동사+了
- **중국 문화** 충동구매는 이제 그만 ~, 쇼핑 욕구를 풀 뽑듯이 拔草

07 能用信用卡付钱吗？ 신용카드로 계산해도 되나요? 073

- **학습 목표** 선택 | 문의 | 부탁
- **주요 표현** 您在这儿吃还是打包？| 能用信用卡付钱吗？| 请在这儿签名
- **주요 어법** 지시대명사 这样 | 부사 更 | 来의 용법
- **중국 문화** 음식 먹기 전, 찰칵찰칵! 炫食族

08 月饼挺像圆圆的月亮。 위에빙은 마치 둥근 달 같아요. 083

- **학습 목표** 설명 | 유사 | 질문
- **주요 표현** 中国人过中秋节的时候要吃月饼。| 月饼挺像圆圆的月亮。| 你知不知道今天是什么日子？
- **주요 어법** 부사 挺 | 조사 着 | 정반의문문(이음절어)
- **중국 문화** 나 완전히 빈털터리야. 오늘부터는 吃土~

09 你们看起来很般配。 당신들은 정말 잘 어울려 보여요. 093

- **학습 목표** 궁금증 | 당위 | 의견
- **주요 표현** 她长得怎么样？| 不应该只从表面上评价一个人！| 你们看起来很般配。
- **주요 어법** 조동사 应该 | 既A又B | 복합 방향보어
- **중국 문화** 중국에도 엄친아가 있다고? 바로 高富帅！

10 你猜一猜哪个队会赢。 어느 팀이 이길지 맞혀보세요. 103

- **학습 목표** 원인 | 결과 | 추측
- **주요 표현** 因为运动不够，所以胖了点儿。| 买着了，可是票价贵了一倍。| 你猜一猜哪个队赢
- **주요 어법** 因为 A 所以 B | 연동문 | 결과보어 着
- **중국 문화** 중국도 몸짱 열풍, 型男

목차 및 학습 내용

11 今天我请你到我家吃饭。 115
오늘 당신을 우리 집에 초대해서 식사 대접을 하려고요.

- **학습 목표** 초대 | 문의 | 설명
- **주요 표현** 今天我请你到我家吃饭。 | 请你发短信告诉我你家的地址。 | 这是地地道道的川菜。
- **주요 어법** 겸어문 | 算是 | 형용사의 중첩
- **중국 문화** 중국식 잔반 남기지 않기 운동, 光盘行动

12 我希望你早日恢复健康！ 125
당신이 하루빨리 건강해지기를 바라요!

- **학습 목표** 증상 | 한정 | 기원
- **주요 표현** 今天早上连头也开始疼了。 | 这只不过是小病罢了。 | 我希望你早日恢复健康！
- **주요 어법** 连~也 | 越来越 | 只不过~罢了(而已)
- **중국 문화** 현대인의 병, 三手病

13 趁着假期，咱们去旅游吧！ 135
휴가 기간을 이용해서 우리 여행가요!

- **학습 목표** 제안 | 부가설명 | 매진
- **주요 표현** 趁着假期，咱们去旅游吧！ | 高铁动车不但最快，而且很舒服。 | 明天开往上海的火车票已经卖光了。
- **주요 어법** 개사 趁, 为 | 어림수 左右 | 不但 A 而且 B
- **중국 문화** 중국판 영화 '집으로', 人在囧途

14 这个不合我的口味。 145
이건 제 입맛에 맞지 않아요.

- **학습 목표** 불만 | 반전 | 기호
- **주요 표현** 你怎么这么没有眼光啊。 | 虽然闻起来好臭，但是吃起来好香。 | 这个不合我的口味。
- **주요 어법** 명량사(名量词) / 동량사(动量词) | 非~不可 | 虽然A, 但是B
- **중국 문화** 초특가 한정 할인 판매, 秒杀

15 为了我们的友谊，干杯！ 155
우리들의 우정을 위해, 건배!

- **학습 목표** 호소 | 제안 | 목적
- **주요 표현** 我们走了半天了，累得要命。 | 咱们找个地方喝点儿东西吧。 | 为了我们的友谊，干杯！
- **주요 어법** 了~了 | 有的A, 有的B | 一A就B
- **중국 문화** 정말 어이가 없네, 어이가 없어! 我也是醉了!

16 怎么烫得像个老太太！ 167
어쩜 아줌마 같이 파마가 됐잖아!

- **학습 목표** 문의 | 제안 | 놀람
- **주요 표현** 您想怎么做头发？ | 您既然烫了发，就顺便再染一下发吧。 | 怎么烫得像个老太太！
- **주요 어법** 동사 弄 | 既然A 就B | 부사 顺便
- **중국 문화** 나의 외모지수는? 颜值

17 一个月的房租是多少？ 한 달 집세는 얼마에요? — 177

- **학습 목표**: 집세 문의 | 설명 | 조건
- **주요 표현**: 一个月的房租是多少？| 这不是单间的，而是一室一厅的。| 要是便宜的话，我就签约了。
- **주요 어법**: 不是A 而是B | 비교문 | 要是A 就B
- **중국 문화**: 중국의 하우스푸어, 房奴

18 咱们到电影院去避暑吧！ 우리 영화관에 가서 피서해요! — 187

- **학습 목표**: 제안 | 의견 | 불만
- **주요 표현**: 咱们到电影院去避暑吧！| 那我在网上订票。| 这是好不容易下载的。
- **주요 어법**: 접속사 不管 | ~了没有？| 구조조사 地
- **중국 문화**: 영화 '어벤저스'가 중국에서는 '복수자 연맹(复仇者联盟)'이라고?

19 恐怕包儿被小偷偷走了。 — 197
아마 도둑이 가방을 훔쳐간 것 같아요.

- **학습 목표**: 시도 | 분실 | 체념
- **주요 표현**: 被偷的还是丢的？| 恐怕包儿被小偷偷走了。| 只好下次再来。
- **주요 어법**: 가능보어 | 被구문
- **중국 문화**: 중국에서는 절대 하면 안 되는 음주운전, 酒后驾驶

20 你的行李超重了。 당신의 짐은 중량 초과네요. — 207

- **학습 목표**: 경고 | 초과 | 체념
- **주요 표현**: 要在起飞三十分钟前到达登机口，免得您赶不上飞机。| 你的行李超重了。| 我不得不交罚款。
- **주요 어법**: 免得 | 赶不上 | 不得不
- **중국 문화**: 중국에서 스튜어디스는 空姐, 그럼 스튜어드는?

해석 및 참고 답안 — 219

www.pocketcampus.co.kr
www.hichinese.co.kr

이 책의 구성

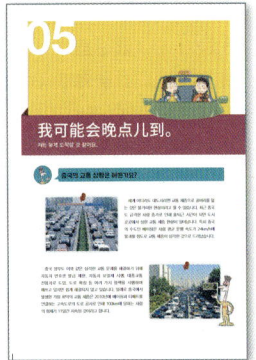

중국 상식 Q&A

중국에 대한 궁금증들을 'Q先生'의 자세한 설명을 통해 알아봅니다.

* Q先生:「끝장 중국어」학습 도우미

주요 표현 및 단어 끝장내기

각 과의 주요 표현을 제시된 그림과 함께 미리 살펴보고, 회화에서 배울 새 단어를 학습합니다.

회화 끝장내기

다양한 상황을 통해 중국 현지에서 바로 쓸 수 있는 생활 회화를 학습합니다.

〈PLUS학습〉
각 과의 회화 내용 이외에 관련된 단어나 표현을 추가로 학습할 수 있습니다.

〈OX퀴즈〉
회화 내용과 관련된 문제를 OX퀴즈로 풀어봅니다.

어법 끝장내기

회화 본문에서 제시된 주요 어법을 자세한 설명과 예문을 통해 학습합니다. 또한, 학습한 어법에 관한 문제를 풀면서 내용을 다시 확인해 봅니다.

〈HOT중국어〉
요즘 또는 중국 유행어나 신조어를 통해 최신 중국의 흐름을 파악해 볼 수 있습니다.

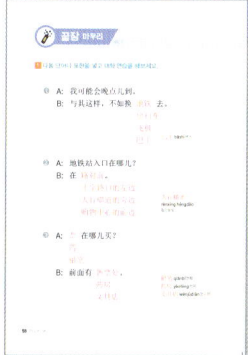
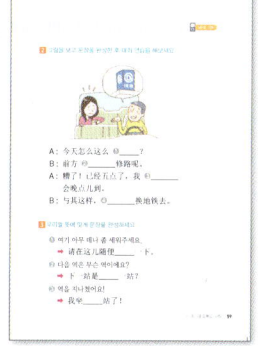

끝장 마무리

문제풀이를 통해서 본문에서 학습한 내용을 정리해 봅니다.

新HSK 모의고사

新HSK 모의고사를 통해 HSK 문제 유형을 미리 파악하여 실전에 대비할 수 있습니다.

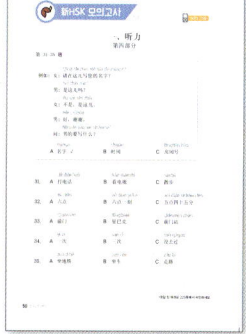

종합테스트

다섯 과마다 종합테스트를 구성하여 앞에서 학습한 내용을 확인할 수 있습니다.

일러두기

1 고유명사 표기

중국의 지명, 인명, 관광명소 등의 명칭은 중국어 발음대로 표기하였으나, 우리에게 널리 알려진 고유명사는 한자어 발음으로 표기하였습니다.

예) 北京 ⋯ 베이징   春节 ⋯ 춘절   长城 ⋯ 만리장성

2 MP3

MP3에는 단어, 회화, 어법 예문, 발음, 연습, 新HSK 모의고사 및 종합테스트 듣기 문제가 녹음되어 있고, 녹음된 단원마다 고유 번호를 부여하였습니다.

3 등장인물 소개

김민호(金民浩)
20대 후반의 한국인
중국어 달인을 꿈꾸는
왕초보 학습자

*후반부에는 중국 회사에
인턴으로 취업하게 됨.

장린린(张琳琳)
20대 중반의 중국인
민호의 중국인 친구

탕웨이(唐薇)
30대 초반의 중국인
중국 회사의 직원

이 책의 본문에 나오는 회화 내용의 배경은 중국입니다.

01

我怎么称呼您呢?
제가 당신을 어떻게 부르면 될까요?

 중국 사람을 만났을 때 뭐라고 부르면 좋을까요?

예전에 중국에서는 남자에게는 '셴셩(先生)', 여자에게는 '뉘스(女士)'나 '샤오제(小姐)'라는 호칭을 쓰는 것이 일반적이었습니다. 하지만 요즘에는 나이나 친분에 따라 다양한 호칭을 사용하고 있습니다. 이러한 적절한 호칭들을 미리 익혀두면 중국 사람을 만났을 때 유용하게 사용할 수 있을 것입니다.

자신보다 나이가 많은 남자를 친근하게 부를 때는 '수수(叔叔)'나 '다거(大哥)'라고 부르고, 여자는 '아이(阿姨)'나 '다제(大姐)'라고 부르면 됩니다.

요즘에는 중국에서 젊은 남자를 부를 때는 '수와이거(帅哥, 멋진 오빠)', 젊은 여자를 부를 때는 '메이뉘(美女, 미녀)'라는 호칭을 즐겨 사용하기도 합니다. 호칭이 모호할 때는 우리나라의 '저기요'처럼 '니하오(你好)'를 사용해도 괜찮습니다.

01 我怎么称呼您呢？
Wǒ zěnme chēnghu nín ne?

■ 이번 과에서 배울 주요 표현을 살펴보세요.

我怎么称呼您呢？
제가 당신을 어떻게 부를까요?

您叫我小张就行。
저를 샤오장이라고 부르시면 돼요.

我是成都的。
저는 청두 사람이에요

이 과의 어법
\# 호칭어
\# 의문대명사 哪里
\# 이합사

☐	免	miǎn	사양하다, 면하다
☐	谭	Tán	탄(성씨)
☐	称呼	chēnghu	부르다, 일컫다
☐	小	xiǎo	연소자의 성씨 앞에 붙이는 호칭어로 쓰임
☐	行	xíng	좋다, ~해도 좋다
☐	总(经理)	zǒng(jīnglǐ)	높은 직책에 있는 사람의 성씨 뒤에 붙이는 호칭어
☐	幸会	xìnghuì	만나 뵙게 되어 영광입니다
☐	常	cháng	자주, 항상
☐	哪里	nǎli	어디, 어느 곳
☐	成都	Chéngdū	청두(중국의 도시 이름)
☐	呦	yōu	에! 어머!(놀라움을 나타내는 감탄사)
☐	这么	zhème	이렇게, 이와 같은
☐	巧	qiǎo	공교롭다, 꼭 맞다
☐	老乡	lǎoxiāng	같은 고향 사람, 동향인
☐	见面	jiànmiàn	만나다

회화 끝.장.내.기 会话

■ 첫인사할 때

琳琳　您好！
　　　Nín hǎo!

谭总　您好！您贵姓？
　　　Nín hǎo! Nín guìxìng?

琳琳　免贵姓张，您呢？
　　　Miǎn guìxìng Zhāng, nín ne?

谭总　我姓谭。我怎么称呼您呢？
　　　Wǒ xìng Tán. Wǒ zěnme chēnghu nín ne?

琳琳　您叫我小张就行。谭总，幸会幸会。
　　　Nín jiào wǒ xiǎo Zhāng jiù xíng. Tán zǒng, xìnghuì xìnghuì.

谭总　我们以后常联系吧。
　　　Wǒmen yǐhòu cháng liánxì ba.

Plus 학습

◎ 정중한 인사 표현

久仰久仰　jiǔyǎng jiǔyǎng　존함은 오래 전부터 들어 알고 있습니다
尊姓大名　zūnxìng dàmíng　존함이 어떻게 되십니까
初次见面　chūcì jiànmiàn　처음 뵙겠습니다

■ 출신지를 물을 때

谭总 小张，你是哪里人？
Xiǎo Zhāng, nǐ shì nǎli rén?

琳琳 我是成都的。
Wǒ shì Chéngdū de.

谭总 呦！这么巧？我也是成都人。
Yōu! Zhème qiǎo? Wǒ yě shì Chéngdū rén.

琳琳 真的？我们是老乡啊。
Zhēnde? Wǒmen shì lǎoxiāng a.

谭总 我们以后常见面吧。
Wǒmen yǐhòu cháng jiànmiàn ba.

OX 퀴즈

◎ 본문 내용과 일치하면 O, 틀리면 X를 하세요.

① 琳琳姓张。　　　　　（　　）
Línlin xìng Zhāng.

② 他们都是成都人。　　（　　）
Tāmen dōu shì Chéngdū rén.

어법 끝.장.내.기 语法

1 호칭어

일반적으로 자신보다 나이가 적은 사람의 성씨 앞에는 '**小**'를 붙이고, 자신보다 나이가 많은 사람의 성씨 앞에는 '**老**'를 붙여서 부른다.

老+성씨 lǎo	자신보다 나이가 많은 사람을 친근하게 부를 때 사용하는 호칭
小+성씨 xiǎo	자신보다 나이가 적은 사람을 친근하게 부를 때 사용하는 호칭
성씨+先生 xiānsheng	남성을 부를 때 사용하는 일반적인 호칭
성씨+小姐 xiǎojiě	젊은 여성을 부를 때 사용하는 일반적인 호칭
성씨+总 zǒng	높은 직책에 있는 사람을 부를 때 사용하는 호칭

2 의문대명사 哪里

'어디, 어느 곳'이라는 의미의 의문사로 주로 장소를 물을 때 사용한다. '**里**' 대신 '**儿**'로 바꿔 '**哪儿**'로 사용할 수도 있다.

周末去哪里好?
Zhōumò qù nǎli hǎo?

这个手机哪里坏了?
Zhè ge shǒujī nǎli huài le?

*坏 huài 고장 나다, 나쁘다

◎ 주어진 단어를 우리말 뜻에 맞게 배열해 보세요.

① 당신은 어디 사람인가요? (哪里 nǎli / 你 nǐ / 人 rén / 是 shì)
_____?

② 내일 어디 가는 게 좋을까요? (去 qù / 好 hǎo / 明天 míngtiān / 哪里 nǎli)
_____?

3 이합사

「동사+목적어」 구조로 이루어진 이음절 동사로 상황에 따라 분리해서 사용할 수 있다.

- 이합사는 다른 목적어를 취할 수 없다.
  见你的面(O) / 见面你(X)　　帮朋友的忙(O) / 帮忙朋友(X)
  jiàn nǐ de miàn　　jiànmiàn nǐ　　bāng péngyou de máng　bāng máng péngyou

- 이합사 사이에는 了, 着, 过, 동량보어, 시량보어 등이 들어갈 수 있다.
  我们见过一次面。　　她们谈了一个小时话。
  Wǒmen jiàn guo yí cì miàn.　　Tāmen tán le yí ge xiǎoshí huà.

  *帮忙 bāng máng 도움을 주다, 일을 돕다
  *谈话 tán huà 이야기하다

- 이합사를 중첩할 때는 동사 부분만 중첩한다. (AAB 형태)
  洗澡 → 洗洗澡　　散步 → 散散步
  xǐzǎo　 xǐxi zǎo　　sànbù　 sànsan bù

  *洗澡 xǐzǎo 목욕하다
  *散步 sànbù 산책하다

◎ 다음 우리말을 중국어로 바꿔 보세요.

① 우리 이후에 자주 만나요.　_____。

② 그들은 세 번 만난 적이 있어요.　_____。

중국에서는 나도 帅哥, 美女!!

　중국에서 길을 가다 보면 주변 사람들이 자신을 '帅哥'나 '美女'라고 부르는 소리를 자주 듣게 됩니다. 이럴 때면 괜히 어깨가 으쓱해지면서 '어? 나도 중국에서는 괜찮은 얼굴인가?'라는 착각을 하기 쉽습니다. 자신을 '잘생긴 오빠', '아름다운 아가씨'라고 부르는데 누군들 기분이 좋지 않겠습니까마는 이 호칭은 요즘 중국에서 젊은 남녀를 부를 때 즐겨 쓰는 일반적인 말이라고 합니다. 비록 일반적인 호칭이라고 해도 자신을 미남, 미녀로 불러주니 기분은 좋을 것 같네요.

*帅哥 shuàigē 멋진 오빠, 꽃미남　　*美女 měinǚ 미녀, 아름다운 여자

끝장 마무리 练习

1 다음 단어나 표현을 넣고 대화 연습을 해보세요.

❶ A: 我怎么称呼您呢？
　 B: 您叫我 小张 就行。
　　　　　　老王
　　　　　　李老师
　　　　　　张叔(叔)

叔(叔) shū(shu)
삼촌, 아저씨(아버지보다 나이가 어린 남자에 대한 존칭)

❷ A: 幸会幸会。
　 B: 我们以后常 联系。
　　　　　　　　见面
　　　　　　　　来往
　　　　　　　　沟通

来往 láiwǎng 왕래하다
沟通 gōutōng 교류하다, 소통하다

❸ A: 你是哪里人？
　 B: 我是 成都 的。
　　　　　天津
　　　　　青岛
　　　　　吉林

天津 Tiānjīn 톈진
青岛 Qīngdǎo 칭다오
吉林 Jílín 지린

2 그림을 보고 문장을 완성한 후 대화 연습을 해보세요.

A：我 ❶_____称呼你呢？

B：你 ❷_____我小张就行。

A：你是 ❸_____人？

B：我是成都 ❹_____。

3 우리말 뜻에 맞게 문장을 완성하세요.

❶ 제 성은 장입니다.
➡ _____贵姓张。

❷ 우리는 동향이네요.
➡ 我们是_____啊。

❸ 우리 이후에 자주 만납시다.
➡ 我们以后_____见面吧。

一、听力
第一部分

第 1-10 题

例如:	(家庭)	✓	5.	(握手)	
	(自行车)	✗	6.	(天安门)	
1.	(画画)		7.	(北京)	
2.	金		8.	(两人)	
3.	唐		9.	(聊天)	
4.	张		10.	(看手机)	

*정답 및 해설은 220쪽에서 확인하세요.

02

明天几点叫醒您?
내일 몇 시에 모닝콜 해드릴까요?

중국에서는 호텔을 어떻게 말하나요?

중국을 여행하다 보면 '반점(饭店)'이나 '주점(酒店)'이라고 쓰인 큰 건물들을 쉽게 찾아볼 수 있습니다. 한자 그대로 해석하면 '밥집'과 '술집'이라는 뜻이지만, 사실 이곳은 호텔입니다. 오래 전부터 중국에서도 예전 우리나라의 주막처럼 밥과 술을 팔면서 숙박 시설도 갖춘 곳이 있었는데 이것이 호텔의 기원이 되어 '반점(饭店)'이나 '주점(酒店)'이라고 쓰이게 되었습니다.

중국 베이징 왕푸징(王府井)에 있는 베이징 호텔(北京饭店)은 1900년대에 설립된 고급 호텔로 총 5개 동으로 구성되어 있습니다. 베이징 호텔의 근처에는 자금성, 천안문 광장, 인민 대회당 등 유명한 관광지가 있을 뿐만 아니라, 호텔 내부에도 다양한 레저 시설과 공연장이 갖춰져 있어 지금까지도 중국을 방문하는 여행객들에게 꾸준한 사랑을 받고 있습니다.

02 明天几点叫醒您?
Míngtiān jǐ diǎn jiàoxǐng nín?

■ 이번 과에서 배울 주요 표현을 살펴보세요.

我想办理入住手续。
저는 체크인을 하고 싶습니다.

能看一下您的护照吗?
여권 좀 보여주실 수 있나요?

明天几点叫醒您?
내일 몇 시에 모닝콜 해드릴까요?

이 과의 어법

\# 동사/개사 给

\# 조동사 能

\# 是~的 구문

단어 끝장내기

MP3 006

☐	办理	bànlǐ	(수속을) 밟다, 처리하다
☐	入住	rùzhù	숙박하다, 입주하다
☐	手续	shǒuxù	수속, 절차
☐	预订	yùdìng	예약하다
☐	单人间	dānrénjiān	싱글룸, 1인실
☐	能	néng	～할 수 있다, ～해도 된다
☐	护照	hùzhào	여권
☐	给	gěi	～에게 주다, ～에게
☐	安静	ānjìng	조용하다
☐	房间	fángjiān	방
☐	问题	wèntí	문제
☐	包含	bāohán	포함하다, 포함
☐	早餐	zǎocān	조식, 아침밥
☐	房卡	fángkǎ	객실 카드, 룸 카드
☐	拿	ná	(손에) 쥐다, 가지다
☐	想要	xiǎngyào	～하려고 하다
☐	叫醒	jiàoxǐng	깨우다
☐	服务	fúwù	서비스, 서비스하다
☐	早上	zǎoshang	아침

회화 끝.장.내.기 会话

■ 호텔 체크인할 때

民浩 你好！我想办理入住手续。
Nǐ hǎo! Wǒ xiǎng bànlǐ rùzhù shǒuxù.

服务员 您预订了吗？
Nín yùdìng le ma?

民浩 我预订了一个单人间。
Wǒ yùdìng le yí ge dānrénjiān.

服务员 能看一下您的护照吗？
Néng kàn yíxià nín de hùzhào ma?

民浩 好的。请给我一间安静的房间。
Hǎo de. Qǐng gěi wǒ yì jiān ānjìng de fángjiān.

服务员 没问题。
Méi wèntí.

民浩 我预订的房间是包含早餐的吗？
Wǒ yùdìng de fángjiān shì bāohán zǎocān de ma?

服务员 是包含早餐的。这是您的房卡，请拿好。
Shì bāohán zǎocān de. Zhè shì nín de fángkǎ, qǐng ná hǎo.

Plus 학습

◎ 호텔 관련

登记入住 dēngjì rùzhù 체크인하다 客房服务 kèfáng fúwù 룸서비스
退房手续 tuìfáng shǒuxù 체크아웃 수속 洗衣服务 xǐyī fúwù 세탁 서비스
服务台 fúwùtái 프런트 데스크

■ 모닝콜을 요청할 때

民浩　我想要叫醒服务。
　　　Wǒ xiǎng yào jiàoxǐng fúwù.

服务员　明天几点叫醒您？
　　　　Míngtiān jǐ diǎn jiàoxǐng nín?

民浩　请早上六点叫醒我。
　　　Qǐng zǎoshang liù diǎn jiàoxǐng wǒ.

服务员　您的房间号是多少？
　　　　Nín de fángjiān hào shì duōshao?

民浩　1509号。
　　　Yāo wǔ líng jiǔ hào.

OX 퀴즈

◎ 본문 내용과 일치하면 O, 틀리면 X를 하세요.

① 民浩预订了单人间。　　　　　　（　　）
　 Mínhào yùdìng le dānrénjiān.

② 民浩想明天早上六点半起床。　　（　　）
　 Mínhào xiǎng míngtiān zǎoshang liù diǎn bàn qǐchuáng.

1 동사/개사 给

'给'가 동사로 사용될 때는 '주다, (~에게) ……을 주다'라는 뜻으로 쓰이고, 개사로 사용될 때는 어떤 대상 앞에 쓰여 '~에게'라는 뜻을 나타낸다.

请给我一杯水。(동사)
Qǐng gěi wǒ yì bēi shuǐ.

她给我介绍了一个女朋友。(개사)
Tā gěi wǒ jièshào le yí ge nǚpéngyou.

*杯 bēi 잔, 컵(잔이나 컵에 담긴 것을 세는 단위)
*水 shuǐ 물
*女朋友 nǚpéngyou 여자친구

◎ 다음 문장에서 '给'가 들어갈 알맞은 위치를 고르세요.

① 请 A 我 B 一间 C 安静的 D 房间。
　　Qǐng　　wǒ　　yì jiān　　ānjìng de　　fángjiān.

② A 我 B 他 C 买了 D 一本书。
　　wǒ　　tā　　mǎi le　　yì běn shū.

2 조동사 能

'能'은 동사 앞에 쓰여 가능, 능력, 허가의 의미를 나타낸다.

- 가능/능력: ~할 수 있다
  他能看中文报。
  Tā néng kàn Zhōngwén bào.

- 허가: ~해도 된다
  这儿能抽烟吗?
  Zhèr néng chōu yān ma?

*中文 Zhōngwén 중국의 언어와 문자
*报 bào 신문
*抽烟 chōu yān 담배를 피우다

◎ 다음 문장의 우리말 뜻을 써보세요.

① 能看一下你的护照吗?　　_____?
　　Néng kàn yíxià nǐ de hùzhào ma?

② 这儿能坐吗?　　_____?
　　Zhèr néng zuò ma?

3 是~的 구문

이미 발생한 동작이 실현된 시간, 장소, 방식, 목적, 행위자 등을 강조할 때 '是~的'를 사용한다. 이때 '是'는 생략할 수 있다.

(긍정) 她弟弟是昨天来的。
　　　Tā dìdi shì zuótiān lái de.

(부정) 他不是坐飞机来的，是坐火车来的。
　　　Tā bú shì zuò fēijī lái de, shì zuò huǒchē lái de.

(의문) 这个菜是你做的吗?　　这个菜是谁做的?
　　　Zhè ge cài shì nǐ zuò de ma?　　Zhè ge cài shì shéi zuò de?

◎ 주어진 단어를 우리말 뜻에 맞게 배열해 보세요.

① 조식 포함이에요. (包含 bāohán / 的 de / 是 shì / 早餐 zǎocān)
　　_____.

② 그녀는 지하철을 타고 왔어요. (的 de / 地铁 dìtiě / 她 tā / 坐 zuò / 来 lái / 是 shì)
　　_____.

춘절에는 가족과 함께 年夜房에서 年夜饭을……

　우리나라의 설날과 같은 '춘절(春节)'은 중국 최대의 명절이라고 할 수 있습니다. 춘절 전날에는 온 가족이 함께 모여 '年夜饭'을 먹으며 즐겁게 지냅니다. 하지만 최근에는 이러한 풍습이 조금 달라졌다고 합니다. 요즘은 집안에서만 춘절을 보내지 않고, 호텔을 예약해서 가족과 함께 호텔 식당에서 '年夜饭'을 먹고, 객실에서 카드놀이를 하면서 명절을 보낸다고 합니다. 이때 가족과 함께 명절을 보내며 묵는 호텔 객실을 '年夜房'이라고 부릅니다. 최근에는 숙박과 식사가 포함된 호텔 패키지 상품이 출시되는 등 명절 특수를 노리는 상품들이 대거 등장하고 있다고 합니다.

*年夜房 niányèfáng 제야에 가족과 함께 묵는 숙소
*年夜饭 niányèfàn 제야에 먹는 음식

끝장 마무리 练习

1 다음 단어나 표현을 넣고 대화 연습을 해보세요.

① A: 您预订了吗？
   B: 我预订了一个 **单人间**。
                  标准间
                  大床间
                  套间

   标准间 biāozhǔnjiān (2인 1실 기준의) 일반룸
   大床间 dàchuángjiān 더블룸
   套间 tàojiān 스위트룸(거실이 딸린 방)

② A: 请给我一间 **安静** 的房间。
              干净
              靠海
              景观好
   B: 没问题。

   干净 gānjìng 깨끗하다
   靠 kào 접근하다, 기대다
   海 hǎi 바다
   景观 jǐngguān 경관, 경치

③ A: 我想要 **叫醒服务**。
            叫车
            送餐
   B: 明天几点 **叫醒**您？
               叫车
               送餐

   叫车 jiào chē 차를 부르다
   送餐 sòng cān 음식을 배달하다

2 그림을 보고 문장을 완성한 후 대화 연습을 해보세요.

A：我想 ❶_____入住手续。

B：❷_____看一下您的护照吗？

A：好的。我预订的房间 ❸_____包含早餐的吗？

B：是的。这是您的房卡，请 ❹_____好。

3 우리말 뜻에 맞게 문장을 완성하세요.

❶ 예약하셨나요?
➡ 您_____了吗？

❷ 조용한 방으로 주세요.
➡ 请给我一间安静的_____。

❸ 아침 6시에 모닝콜 해주세요.
➡ 早上六点_____我。

 2급

一、听力
第二部分

第 11-15 题　　　　　　　　第 16-20 题

	Nǐ xǐhuan shénme yùndòng?
例如：女：	你喜欢什么运动？
男：	Wǒ zuì xǐhuan tī zúqiú. 我最喜欢踢足球。　D

11. ☐　　16. ☐
12. ☐　　17. ☐
13. ☐　　18. ☐
14. ☐　　19. ☐
15. ☐　　20. ☐

*정답 및 해설은 222쪽에서 확인하세요.

03

我要把韩元换成人民币。

원화를 인민폐로 바꾸려고요.

 중국에서 은행은 어떻게 이용하나요?

중국은행(中国银行)은 중국 최초의 은행으로 교통은행(交通银行), 공상은행(工商银行), 농업은행(农业银行), 건설은행(建设银行)과 함께 중국 5대 국유 상업은행입니다. 중국 대륙을 비롯해 홍콩, 마카오, 대만, 그리고 전 세계 37개국에 진출하여 업무를 하고 있습니다. 중국은행은 1994년에 우리나라에도 서울 지점을 설립하여 지금까지 각종 금융서비스를 지원하고 있습니다.

만약 중국에서의 생활을 계획하고 있다면 중국의 은행 관련 정보를 미리 숙지하고 가는 것이 좋습니다. 중국에서는 우리나라와는 달리 통장과 카드 둘 중에 하나를 선택해서 발급받을 수 있습니다. 또한 은행 업무를 보러 갈 때는 신분증과 함께 여권도 꼭 지참해서 가야 합니다. 공과금 납부는 우리나라에서처럼 창구나 공과금 수납기를 이용해서 처리할 수 있습니다.

03 我要把韩元换成人民币。
Wǒ yào bǎ Hányuán huàn chéng Rénmínbì.

■ 이번 과에서 배울 주요 표현을 살펴보세요.

从饭店到银行有多远？
호텔에서 은행까지 얼마나 머나요?

不到一百米。
100m도 안돼요.

我要把韩元换成人民币。
원화를 인민폐로 바꾸려고요.

이 과의 어법
从A到B
의문부사 多
부정부사 别

단어 끝장내기

- 换 huàn 환전하다, 바꾸다, 교환하다
- 附近 fùjìn 근처, 부근
- 银行 yínháng 은행
- 从 cóng ~부터, ~를 기점으로
- 饭店 fàndiàn 호텔
- 到 dào ~까지 오다, 도착하다
- 百 bǎi 백, 100
- 米 mǐ 미터, m
- 哪边 nǎbiān 어느 쪽
- 十字路口 shízì lùkǒu 사거리, 네거리
- 拐 guǎi 방향을 바꾸다, 돌아가다
- 感谢 gǎnxiè 감사하다
- 别 bié ~하지 마라
- 客气 kèqi 사양하다, 예의를 차리다
- 韩元 Hányuán 원화, 한국 돈
- 成 chéng 이루다, ~이 되다
- 人民币 Rénmínbì 인민폐(런민비)
- 万 wàn 만, 10000
- 填 tián 기재하다, 써넣다
- 表 biǎo 표

회화 끝.장.내.기 会话

■ 위치와 거리를 물을 때

民浩 我想换钱，这附近有没有银行？
Wǒ xiǎng huàn qián, zhè fùjìn yǒu méiyǒu yínháng?

服务员 这附近有中国银行。
Zhè fùjìn yǒu Zhōngguó yínháng.

民浩 从饭店到银行有多远？
Cóng fàndiàn dào yínháng yǒu duō yuǎn?

服务员 银行离饭店不太远。不到一百米。
Yínháng lí fàndiàn bú tài yuǎn. Bú dào yì bǎi mǐ.

民浩 往哪边走？
Wǎng nǎbiān zǒu?

服务员 从这儿一直往前走，到十字路口往右拐吧。
Cóng zhèr yìzhí wǎng qián zǒu, dào shízì lùkǒu wǎng yòu guǎi ba.

民浩 太感谢你了！
Tài gǎnxiè nǐ le!

服务员 别客气！
Bié kèqi!

Plus 학습

◎ 은행 관련

取款 qǔkuǎn 인출하다 网上银行 wǎngshàng yínháng 인터넷 뱅킹
存款 cúnkuǎn 입금하다 手机银行 shǒujī yínháng 모바일 뱅킹
转账 zhuǎnzhàng 계좌 이체하다 自动取款机 zìdòng qǔkuǎnjī 현금 자동 인출기

■ 환전할 때

银行职员　您要办什么？
　　　　　Nín yào bàn shénme?

民浩　　　我要把韩元换成人民币。
　　　　　Wǒ yào bǎ Hányuán huàn chéng Rénmínbì.

银行职员　要换多少？
　　　　　Yào huàn duōshao?

民浩　　　要换五十万韩元。
　　　　　Yào huàn wǔshí wàn Hányuán.

银行职员　请您填一下这张表。
　　　　　Qǐng nín tián yíxià zhè zhāng biǎo.

OX 퀴즈

◎ 본문 내용과 일치하면 O, 틀리면 X를 하세요.

① 饭店附近没有银行。　　　（　　）
　 Fàndiàn fùjìn méiyǒu yínháng.

② 民浩要把人民币换成韩元。（　　）
　 Mínhào yào bǎ Rénmínbì huàn chéng Hányuán.

어법 끝.장.내.기 语法

1 从 A 到 B

'A(에서)부터 B까지'라는 뜻으로 시간이나 장소의 기점에서 종점까지를 나타낸다.

从我家到学校只要五分钟。(장소)
Cóng wǒ jiā dào xuéxiào zhǐ yào wǔ fēnzhōng.

他每天从早到晚都很忙。(시간)
Tā měitiān cóng zǎo dào wǎn dōu hěn máng.

* 只 zhǐ 단지, 겨우
* 每天 měitiān 매일
* 早 zǎo 아침, (때가) 이르다
* 晚 wǎn 저녁, 늦다

◎ 다음 그림을 보고 '~到'를 사용하여 문장을 만들어 보세요.

① ②

2 의문부사 多

「多+형용사」의 형태로 쓰여 정도를 묻는 의문문으로 사용된다. '多' 앞에 '有'를 붙이면 추측의 의미를 나타낸다.

他个子多高?
Tā gèzi duō gāo?

这个行李有多重? (추측)
Zhè ge xíngli yǒu duō zhòng?

TIP 의문부사 多는 大、长、远、高 등 적극성을 띠는 형용사와 결합합니다.

* 个子 gèzi (사람의) 키
* 高 gāo (높이가) 높다
* 重 zhòng 무겁다

◎ 주어진 단어를 우리말 뜻에 맞게 배열해 보세요.

① 여기서 얼마나 먼가요? (这儿 zhèr / 有 yǒu / 多 duō / 离 lí / 远 yuǎn)
　_____?

② 당신 남자친구의 키는 얼마나 큰가요? (多 duō / 个子 gèzi / 高 gāo)
　你男朋友的_____?
　Nǐ nánpéngyou de

3 부정부사 别

술어 앞에 쓰여 '~하지 마라'라는 금지의 뜻으로, '别' 대신에 '不要'를 사용할 수도 있다.

别开玩笑!
Bié kāi wánxiào!

你别这么生气!
Nǐ bié zhème shēngqì!

*开玩笑 kāi wánxiào 농담하다, 놀리다
*生气 shēngqì 화내다

◎ 다음 문장의 우리말 뜻을 써보세요.

① 别客气! _____!
   Bié kèqi!

② 你别开玩笑! _____!
   Nǐ bié kāi wánxiào!

HOT 중국어

여러분, 대박 나세요~ 168(一路发)

중국 사람들이 숫자 8을 광적으로 좋아한다는 것은 잘 알려져 있습니다. 그 이유는 '부자가 되다'라는 뜻의 '发财'와 숫자 8의 중국어 발음이 비슷하기 때문입니다. 중국에서는 이렇게 숫자로 어떤 의미를 표현하는 것을 좋아합니다. '168'도 '一路发'라는 말의 발음과 비슷해서 채팅할 때 자주 사용하곤 합니다. '一路发'는 우리말로 '대박 나세요'라고 해석할 수 있습니다. 우리나라 한 은행의 중국 지점에서 중국인을 대상으로 하는 적금 상품의 이름을 'OO 은행 168 적금'이라고 지어 큰 인기를 끌기도 했다고 합니다.

*一路发 yí lù fā 부자 되세요   *发财 fācái 부자가 되다

 **끝장 마무리** 练习

1 다음 단어나 표현을 넣고 대화 연습을 해보세요.

❶ A: 从饭店到银行有多远？
   B: 不到一百米。
      要十分钟就到了
      走五分钟就可以
      坐车只要半个小时

半个小时
bàn ge xiǎoshí
30분

❷ A: 往哪边走？
   B: 从这儿一直往前走 吧。
      往右拐
      向东走
      朝车站走

向 xiàng ~로, ~을 향하여
朝 cháo ~로, ~을 향하여
车站 chēzhàn 정류장

❸ A: 您要办什么？
   B: 我要把 韩元 换成人民币。
           美元
           欧元
           日元

美元 Měiyuán 달러
欧元 Ōuyuán 유로화
日元 Rìyuán 엔화

2 그림을 보고 문장을 완성한 후 대화 연습을 해보세요.

A：我要把韩元 ❶＿＿＿＿＿人民币。

B：要换 ❷＿＿＿＿＿？

A：要换五十万 ❸＿＿＿＿＿。

B：请你 ❹＿＿＿＿一下这张表。

3 우리말 뜻에 맞게 문장을 완성하세요.

❶ 환전하려고 하는데, 이 근처에 은행이 있나요?

➡ 我想＿＿＿＿＿＿，这附近有没有银行？

❷ 호텔에서 은행까지 얼마나 머나요?

➡ 从饭店到银行有＿＿＿＿＿＿？

❸ 어느 쪽으로 가나요?

➡ ＿＿＿＿哪边走？

新HSK 모의고사 2급

一、听力
第三部分

第 21-30 题

例如：	男： Xiǎo Wáng, zhèlǐ yǒu jǐ ge bēizi, nǎ ge shì nǐ de? 小王，这里有几个杯子，哪个是你的？
	女： Zuǒbiān nà ge hóngsè de shì wǒ de. 左边那个红色的是我的。
	问： Xiǎo Wáng de bēizi shì shénme yánsè de? 小王的杯子是什么颜色的？
	A hóngsè 红色 ✓ B hēisè 黑色 C báisè 白色

21. A xuéxiào 学校　　B fàndiàn 饭店　　C yínháng 银行
22. A hěn yuǎn 很远　　B bù yuǎn 不远　　C bú tài yuǎn 不太远
23. A shí fēnzhōng 十分钟　　B bàn ge xiǎoshí 半个小时　　C yí ge xiǎoshí 一个小时
24. A tāmen de qiánmian 他们的前面　　B tāmen de hòumian 他们的后面　　C tāmen de zuǒbiān 他们的左边
25. A Qiánmén de dōngbiān 前门的东边　　B Qiánmén de xībiān 前门的西边　　C Qiánmén de hòubiān 前门的后边
26. A zuò chē 坐车　　B huàn qián 换钱　　C mǎi piào 买票
27. A wǔ wàn 五万　　B wǔshí wàn 五十万　　C wǔbǎi wàn 五百万
28. A yīyuàn 医院　　B yínháng 银行　　C diànyǐngyuàn 电影院
29. A hěn máng 很忙　　B bù máng 不忙　　C yǒudiǎnr máng 有点儿忙
30. A kàn bìng 看病　　B wán diànnǎo yóuxì 玩电脑游戏　　C chī fàn 吃饭

*정답 및 해설은 223쪽에서 확인하세요.

04

我差点儿忘了。

하마터면 잊을 뻔했네요.

 중국에도 메신저가 있나요?

중국의 대표적인 메신저로는 웨이신(微信[WeChat])과 QQ(腾讯 QQ[텐센트 QQ])가 있습니다. 이 두 메신저는 같은 업체에서 개발된 것으로, 현재 대다수의 중국인이 사용하고 있습니다. QQ는 PC를 기반으로 한 중국의 국민 메신저이며, 웨이신은 2011년에 출시되어 가장 빠른 성장세를 보이는 모바일 메신저 업체입니다.

현재 중국 내에서 모바일 메신저 서비스 1위를 차지하고 있는 웨이신은 중국에서 뿐만 아니라 세계인들에게도 널리 알려져 현재 6억 명 이상의 사용자를 보유하고 있습니다. 웨이신은 메신저 서비스를 기반으로 현재 다양한 부가 서비스를 시행하면서 점차 소셜 미디어로서의 기능을 강화하고 있습니다.

04 我差点儿忘了。
Wǒ chàdiǎnr wàng le.

■ 이번 과에서 배울 주요 표현을 살펴보세요.

我们不是约好今天见面了吗？
우리 오늘 만나기로 약속하지 않았나요?

我差点儿忘了。
하마터면 잊을 뻔했네요.

我对那儿还不太熟悉。
저는 거기 잘 몰라요.

이 과의 어법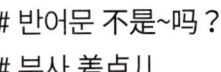

\# 반어문 不是~吗？
\# 부사 差点儿
\# 개사 对

단어 끝장내기

☐	电话	diànhuà	전화, 전화기
☐	约	yuē	약속하다
☐	见面	jiànmiàn	만나다
☐	差点儿	chàdiǎnr	하마터면, 간신히, 거의
☐	忘	wàng	잊다
☐	咱	zán	우리
☐	下午	xiàwǔ	오후
☐	清楚	qīngchu	분명하다
☐	通话	tōnghuà	통화하다
☐	效果	xiàoguǒ	효과
☐	发	fā	보내다, 발송하다
☐	短信	duǎnxìn	문자 메시지
☐	告诉	gàosu	알리다, 말하다
☐	星巴克	Xīngbākè	스타벅스
☐	对	duì	~에 대해, ~에게
☐	熟悉	shúxī	잘 알다, 익숙하다
☐	麻烦	máfan	귀찮게 하다
☐	站	zhàn	역, 정류장, 서다
☐	出口	chūkǒu	출구
☐	一会儿	yíhuìr	곧, 잠깐 사이에

회화 끝.장.내.기
会话

■ 전화가 잘 안 들릴 때

琳琳 喂，是民浩吗？
Wéi, shì Mínhào ma?

民浩 琳琳，你打电话来有什么事？
Línlin, nǐ dǎ diànhuà lái yǒu shénme shì?

琳琳 我们今天不是约好见面了吗？
Wǒmen jīntiān bú shì yuē hǎo jiànmiàn le ma?

民浩 我差点儿忘了。咱们在哪儿见面呢？
Wǒ chàdiǎnr wàng le. Zánmen zài nǎr jiànmiàn ne?

琳琳 咱们下午在前门见面吧。
Zánmen xiàwǔ zài Qiánmén jiànmiàn ba.

民浩 喂，喂，我听不清楚。
Wéi, wéi, wǒ tīng bu qīngchu.

琳琳 通话效果不好，我发短信告诉你在哪儿见面。
Tōnghuà xiàoguǒ bù hǎo, wǒ fā duǎnxìn gàosu nǐ zài nǎr jiànmiàn.

Plus 학습

◎ 전화 관련

接电话 jiē diànhuà 전화를 받다　　占线 zhànxiàn 통화 중이다
挂电话 guà diànhuà 전화를 끊다　　掉线 diàoxiàn 전화가 끊기다
回电话 huí diànhuà 다시 전화하다　　没人接 méi rén jiē 전화를 받지 않는다

■ 문자 메시지를 보낼 때

琳琳 我们今天下午在前门的星巴克见吧。
Wǒmen jīntiān xiàwǔ zài Qiánmén de Xīngbākè jiàn ba.

民浩 我对那儿还不太熟悉。
Wǒ duì nàr hái bú tài shúxī.

琳琳 那我们先在前门站C出口见面,
Nà wǒmen xiān zài Qiánmén zhàn C chūkǒu jiànmiàn,

然后一起过去,怎么样?
ránhòu yìqǐ guòqu, zěnmeyàng?

民浩 麻烦你了。几点见面?
Máfan nǐ le. Jǐ diǎn jiànmiàn?

琳琳 五点半,可以吗?
Wǔ diǎn bàn, kěyǐ ma?

民浩 可以。一会儿见。
Kěyǐ. Yíhuìr jiàn.

OX 퀴즈

◎ 본문 내용과 일치하면 O, 틀리면 X를 하세요.

① 民浩对前门不太熟悉。　　　　(　　)
　Mínhào duì Qiánmén bú tài shúxī.

② 他们明天下午五点半见面。　　(　　)
　Tāmen míngtiān xiàwǔ wǔ diǎn bàn jiànmiàn.

어법 끝.장.내.기 语法

1 반어문 不是~吗?

반어문은 부정의 형태로 긍정의 의미를 강조하거나 긍정의 형태로 부정의 의미를 강조한 문장을 말한다. 긍정의 의미를 강조한 '不是~吗?' 형태의 반어문은 어떤 사실을 명확하게 일깨워 주는 역할을 한다.

我们**不是**已经约好了**吗**?
Wǒmen bú shì yǐjīng yuē hǎo le ma?

你**不是**去过那个地方**吗**?
Nǐ bú shì qùguo nà ge dìfang ma?

TIP '不是~吗?' 형태의 반어문은 약간 놀라거나 불만스러움을 나타내기도 합니다.

◎ '不是~吗?'를 사용하여 다음 우리말을 중국어로 바꿔 보세요.

① 우리 오늘 만나기로 약속하지 않았나요?
　_____?

② 당신은 중국에 가본 적이 있지 않나요?
　_____?

2 부사 差点儿

'하마터면, 거의'라는 의미의 '差点儿'은 뒤에 나오는 표현이 실현되기를 바라는 일인지 아닌지 혹은 긍정인지 부정인지에 따라 문장의 뜻이 달라지기도 한다.

- 실현되기를 바라는 일일 경우
  我**差点儿**买到了。(아쉽게 실현되지 않음)
  Wǒ chàdiǎnr mǎi dào le.

  我**差点儿**没买到了。(간신히 실현함)
  Wǒ chàdiǎnr méi mǎi dào.

- 실현되기를 바라지 않는 일일 경우
  我**差点儿**迟到了。(실현되지 않음)
  Wǒ chàdiǎnr chídào le.

  我**差点儿**没迟到。(실현되지 않음)
  Wǒ chàdiǎnr méi chídào.

TIP 差点儿 뒤에 화자가 실현되지 않길 바랬던 일이 올 경우에는 긍정형과 부정형의 뜻이 같습니다.

3 개사 对

동작이 행하는 대상을 이끌어 낼 때는 '~에게'라고 해석하고, 동작이나 행위가 언급하는 대상을 이끌어 낼 때는 '~에 대해, ~에 대하여'라고 해석한다.

我对他说了很多话。
Wǒ duì tā shuō le hěn duō huà.

我对这件事儿有意见。
Wǒ duì zhè jiàn shìr yǒu yìjiàn.

*话 huà 말, 이야기
*意见 yìjiàn 의견, 견해

◎ 다음 문장에서 '对'가 들어갈 알맞은 위치를 골라 보세요.

① 我　A　那儿　B　还　C　不太　D　熟悉。
　　Wǒ　　nàr　　　hái　　bú tài　　shúxī.

② A　他　B　这个问题　C　有　D　意见。
　　　tā　　zhè ge wèntí　　yǒu　　yìjiàn.

작고 가볍고 간단한 것을 선호하는 중국 젊은이들의 '微' 문화

'微'는 작고 경미한 것을 뜻하는 말로, 빠르고 간단한 것을 선호하는 중국 젊은이들의 문화를 대표하는 신조어에 자주 사용되고 있습니다. 예를 들어 중국의 대표 미니 블로그 웨이보(微博), 모바일 메신저 웨이신(微信), 웹드라마 웨이 영화(微电影), 140자 이하의 웹 소설 웨이 소설(微小说) 등이 대표적이라고 할 수 있습니다. 이처럼 간단하고 빠른 것을 즐기는 중국 젊은이들의 '微' 문화는 짧은 시간 내에 많은 정보를 얻을 수 있는 편리함을 가져왔지만, 신중함보다는 순발력을, 깊이보다는 속도를 중요시하는 경박한 사회 분위기를 초래하는 부작용을 낳고 있습니다.

*微 wēi 작다, 경미하다　　*微博 wēibó 미니블로그　　*微信 wēixìn 위챗
*微电影 wēidiànyǐng 웹드라마　　*微小说 wēixiǎoshuō 웹 소설

끝장 마무리 练习

1 다음 단어나 표현을 넣고 대화 연습을 해보세요.

❶ A: 我们今天不是约好见面了吗？
　B: 我 差点儿忘了。
　　　忘记了
　　　一下子忘了
　　　忘得一干二净

忘记 wàngjì
(지난 일을) 잊어버리다
一下子 yíxiàzi
단시간에, 갑자기
一干二净 yì gān èr jìng
모조리, 깡그리

❷ A: 咱们在哪儿见面呢？
　B: 咱们 下午 在前门见面吧。
　　　　今晚
　　　　下周三
　　　　下个月

今晚 jīnwǎn 오늘 밤
下周三 xià zhōusān
다음 주 수요일
下个月 xià ge yuè 다음 달

❸ A: 五点半，可以吗？
　B: 可以。一会儿见。
　　　　回头见
　　　　待会儿见
　　　　不见不散

回头 huí tóu
조금 있다가, 고개를 돌리다
待会儿 dāihuìr
좀(잠시) 지나다
不见不散 bú jiàn bú sàn
만날 때까지 기다리다

2 그림을 보고 문장을 완성한 후 대화 연습을 해보세요.

A : 咱们下午在前门 ❶＿＿＿＿吧。

B : 我 ❷＿＿＿那儿不太熟悉。

A : 那我们先在前门站C出口见面，
❸＿＿＿＿一起过去，怎么样？

B : ❹＿＿＿＿你了。

3 우리말 뜻에 맞게 문장을 완성하세요.

❶ 우리 오늘 만나기로 약속하지 않았나요?

➡ 我们今天＿＿＿＿约好见面了吗？

❷ 하마터면 잊을 뻔했네요.

➡ 我＿＿＿＿＿＿忘了。

❸ 여보세요, 잘 안 들려요.

➡ 喂，我听不＿＿＿＿。

一、听力
第四部分

第 31-35 题

例如：女：	Qǐng zài zhèr xiě nín de míngzi? 请在这儿写您的名字？	
男：	Shì zhèr ma? 是这儿吗？	
女：	Bú shì, shì zhèr. 不是，是这儿。	
男：	Hǎo, xièxie. 好，谢谢。	
问：	Nán de yào xiě shénme? 男的要写什么？	
A	míngzi 名字 ✓	
B	shíjiān 时间	
C	fángjiān hào 房间号	

31.   A dǎ diànhuà 打电话   B kàn diànshì 看电视   C sànbù 散步

32.   A liù diǎn 六点   B liù diǎn yí kè 六点一刻   C wǔ diǎn sìshíwǔ fēn 五点四十五分

33.   A Qiánmén 前门   B Xīngbākè 星巴克   C Qiánmén zhàn 前门站

34.   A yí cì 一次   B sān cì 三次   C méi qùguo 没去过

35.   A zuò dìtiě 坐地铁   B zuò chē 坐车   C zǒu lù 走路

*정답 및 해설은 225쪽에서 확인하세요.

05

我可能会晚点儿到。
저는 늦게 도착할 것 같아요.

 중국의 교통 상황은 어떤가요?

세계 어디라도 대도시라면 교통 체증으로 골머리를 앓는 것은 불가피한 현상이라고 할 수 있습니다. 최근 중국도 급격한 차량 증가로 인해 출퇴근 시간이 되면 도시 곳곳에서 심한 교통 체증 현상이 일어납니다. 특히 중국의 수도인 베이징은 차량 평균 운행 속도가 24km/h에 불과할 정도로 교통 체증이 심각한 것으로 드러났습니다.

중국 정부도 이와 같은 심각한 교통 문제를 해결하기 위해 자동차 번호판 발급 제한, 자동차 요일제 시행, 대중교통 전용차로 도입, 도로 확장 등 여러 가지 정책을 시행하며 애쓰고 있지만 쉽게 해결되지 않고 있습니다. 일례로 중국에서 발생한 가장 최악의 교통 체증은 2010년에 베이징과 티베트를 연결하는 고속도로의 도로 공사로 인해 100km에 달하는 차량의 정체가 11일간 지속된 것이라고 합니다.

我可能会晚点儿到。
Wǒ kěnéng huì wǎn diǎnr dào.

■ 이번 과에서 배울 주요 표현을 살펴보세요.

我可能会晚点儿到。
저는 늦게 도착할 것 같아요.

与其这样，不如换地铁去。
이럴 바에야 지하철로 갈아타고 가는 게 나을 것 같네요.

完了，我坐过站了！
망했다, 역을 지나쳤어!

이 과의 어법

\# 부사 可能
\# 与其 A 不如 B
\# 존재를 나타내는 동사
   在와 有

	系	jì	매다, 묶다
☐	安全带	ānquándài	안전띠, 안전벨트
☐	高峰时间	gāofēng shíjiān	러시아워
☐	堵	dǔ	막다, 가로막다
☐	前方	qiánfāng	전방, 앞쪽
☐	修	xiū	보수하다, 수리하다
☐	糟了	zāo le	큰일이다! 낭패다!
☐	可能	kěnéng	아마, 아마도
☐	与其	yǔqí	~하기보다는, ~하느니 (차라리)
☐	这样	zhèyàng	이렇게, 이러면
☐	不如	bùrú	~만 못하다
☐	地铁	dìtiě	지하철
☐	师傅	shīfu	아저씨, 아주머니(남에 대한 일반적인 존칭)
☐	随便	suíbiàn	마음대로, 편한 대로
☐	停	tíng	세우다, 멈추다
☐	入口	rùkǒu	입구
☐	对面	duìmiàn	맞은편, 건너편
☐	售票处	shòupiàochù	매표소
☐	和平门	Hépíngmén	허핑먼(베이징에 있는 지명)
☐	完了	wán le	망하다, 끝장나다

会话

■ 차가 막힐 때

民浩 请到前门站。
       Qǐng dào Qiánmén zhàn.

司机 好的。请您系好安全带。
       Hǎo de. Qǐng nín jì hǎo ānquándài.

民浩 现在还不是高峰时间，怎么这么堵？
       Xiànzài hái bú shì gāofēng shíjiān, zěnme zhème dǔ?

司机 前方正在修路呢。
       Qiánfāng zhèngzài xiū lù ne.

民浩 糟了！已经五点了，我可能会晚点儿到。
       Zāo le! Yǐjīng wǔ diǎn le, wǒ kěnéng huì wǎn diǎnr dào.

司机 与其这样，不如换地铁去。
       Yǔqí zhèyàng, bùrú huàn dìtiě qù.

民浩 师傅，请在这儿随便停一下。
       Shīfu, qǐng zài zhèr suíbiàn tíng yíxià.

Plus 학습

◎ 교통 관련

交通卡 jiāotōngkǎ 교통카드
充值卡 chōngzhíkǎ 충전카드
路线图 lùxiàntú 노선도

站台 zhàntái 승강장, 플랫폼
检票口 jiǎnpiàokǒu 개찰구
换乘站 huànchéngzhàn 환승역

■ 지하철을 갈아탈 때

– 길에서

民浩 地铁站入口在哪儿？
Dìtiě zhàn rùkǒu zài nǎr?

行人1 在路对面。
Zài lù duìmiàn.

– 지하철역에서

民浩 票在哪儿买？
Piào zài nǎr mǎi?

行人2 前面有售票处。
Qiánmian yǒu shòupiàochù.

– 지하철 안에서

民浩 下一站是哪一站？
Xià yí zhàn shì nǎ yí zhàn?

行人3 和平门站。
Hépíngmén zhàn.

民浩 完了，我坐过站了！
Wán le, wǒ zuò guò zhàn le!

OX 퀴즈

◎ 본문 내용과 일치하면 O, 틀리면 X를 하세요.

① 民浩要换地铁去。　　　（　　）
Mínhào yào huàn dìtiě qù.

② 下一站是前门站。　　　（　　）
Xià yí zhàn shì Qiánmén zhàn.

어법 끝.장.내.기 语法

1 부사 可能

'아마도, 아마 (~일지도 모른다)'라는 뜻으로 쓰이고, 형용사로 사용될 때는 '가능하다'라는 뜻으로 쓰인다.

他可能不知道这件事儿。(부사)
Tā kěnéng bù zhīdào zhè jiàn shìr.

我看这是不可能的事情。(형용사)
Wǒ kàn zhè shì bù kěnéng de shìqing.

*事情 shìqing 일, 사건

◎ 다음 문장의 우리말 뜻을 써보세요.

① 他可能不会来了。　_____.
　 Tā kěnéng bú huì lái le.

② 那是不可能的事儿。　_____.
　 Nà shì bù kěnéng de shìr.

2 与其 A 不如 B

선택 관계의 복문에 사용되어 'A 할 바에야 차라리 B 하다'라는 뜻으로 쓰인다. 不如 앞에는 어기를 나타내는 '倒'나 '还'를 쓸 수 있다.

与其你去，不如我去。
Yǔqí nǐ qù, bùrú wǒ qù.

与其呆在家里，倒不如出去走走。
Yǔqí dāi zài jiā li, dào bùrú chūqu zǒuzou.

*呆 dāi 멍하다, 어리둥절하다
*倒 dào 오히려, 도리어

◎ 다음 문장에서 '不如'가 들어갈 알맞은 위치를 골라 보세요.

① 与其　A　这样，B　换　C　出租车　D　去。
　 Yǔqí　　　zhèyàng,　　huàn　　chūzūchē　　qù.

② 与其　A　你去，B　还　C　我去　D。
　 Yǔqí　　　nǐ qù,　　hái　　wǒ qù

3 존재를 나타내는 동사 在와 有

'在'를 사용해서 존재를 나타낼 때는 「존재하는 것 + 在 + 장소」의 형태로 쓰인다.

你的汉语词典在书架上。
Nǐ de Hànyǔ cídiǎn zài shūjià shang.

'有'를 사용해서 존재를 나타낼 때는 「장소 + 有 + 존재하는 것」의 형태로 쓰인다. 이때 문장의 주어는 장소, 방위, 시간 등이 될 수 있다.

学校旁边有一个邮局。
Xuéxiào pángbiān yǒu yí ge yóujú.

*词典 cídiǎn 사전
*书架 shūjià 책장, 책꽂이
*邮局 yóujú 우체국

◎ 다음 우리말을 중국어로 바꿔 보세요.

① 지하철 역은 길 건너편에 있어요.
　_____。

② 책상 위에 중국어 사전 한 권이 있어요.
　_____。

중국판 자해공갈단 碰瓷

'碰瓷'는 본래 살짝 건드리기만 해도 금이 가거나 깨져 버리기 쉬운 도자기를 뜻합니다. 예전에 베이징에서 한 여성이 주행하는 차량과 접촉이 없었음에도 운전자에게 고의로 시비를 걸어 보상금을 요구하는 사건이 발생한 적이 있었습니다. 이 사건이 크게 부각되면서 고의로 시비를 걸어 보상금을 요구하는 경우를 '碰瓷'라고 부르게 되었습니다. 특히 교통 상황이 열악한 장소에서 이와 같은 '碰瓷' 사건이 자주 발생한다고 하네요.

*碰瓷 pèngcí 고의로 시비를 걸다

끝장 마무리 练习

1 다음 단어나 표현을 넣고 대화 연습을 해보세요.

❶ A: 我可能会晚点儿到。
　 B: 与其这样，不如换 地铁 去。
　　　　　　　　　　　出租车
　　　　　　　　　　　飞机
　　　　　　　　　　　巴士　　巴士 bāshì 버스

❷ A: 地铁站入口在哪儿？
　 B: 在 路对面。
　　　　十字路口的左边
　　　　人行横道的旁边　　人行横道 rénxíng héngdào 횡단보도
　　　　购物中心的前边

❸ A: 票 在哪儿买？
　　 药
　　 铅笔
　 B: 前面有 售票处。
　　　　　　药房
　　　　　　文具店

铅笔 qiānbǐ 연필
药房 yàofáng 약국
文具店 wénjùdiàn 문구점

2 그림을 보고 문장을 완성한 후 대화 연습을 해보세요.

A：今天怎么这么 ❶_____？
B：前方 ❷_____修路呢。
A：糟了！已经五点了，我 ❸_____会晚点儿到。
B：与其这样，❹_____换地铁去。

3 우리말 뜻에 맞게 문장을 완성하세요.

❶ 여기 아무 데나 좀 세워주세요.
  ➡ 请在这儿随便_____一下。

❷ 다음 역은 무슨 역이에요?
  ➡ 下一站是_____一站？

❸ 역을 지나쳤어요!
  ➡ 我坐_____站了！

종합테스트 考试

1 녹음을 듣고 대화 내용에 알맞은 그림을 골라 보세요. MP3 025

ⓐ

ⓑ

ⓒ

ⓓ

❶ _____   ❷ _____   ❸ _____

2 주어진 단어가 들어갈 알맞은 위치를 고르세요.

❶ 能

A 看 B 一下 C 您的护照 D 吗？
　 kàn　 yíxià　　 nín de hùzhào　　ma?

❷ 多

从 A 饭店 B 到 C 银行有 D 远？
Cóng　 fàndiàn　 dào　 yínháng yǒu　 yuǎn?

❸ 可能

A 我 B 会 C 晚点儿 D 到。
　 wǒ　 huì　 wǎn diǎnr　 dào.

3 주어진 단어를 알맞게 배열하여 다음 대화를 완성해 보세요.

① 以后 / 吧 / 联系 / 常
   yǐhòu   ba   liánxì   cháng

A: 幸会幸会。
   Xìnghuì xìnghuì.

B: 我们_____。
   Wǒmen

② 叫醒 / 您 / 几 / 点
   jiàoxǐng   nín   jǐ   diǎn

A: 我想要叫醒服务。
   Wǒ xiǎng yào jiàoxǐng fúwù.

B: 明天_____?
   Míngtiān

4 우리말 뜻에 맞게 빈칸을 채워보세요.

① 하마터면 잊을 뻔했네요.

我_____忘了。
Wǒ   wàng le.

② 이럴 바에야 지하철로 갈아타고 가는 게 나을 것 같네요.

与其这样，_____换地铁去。
Yǔqí zhèyàng,   huàn dìtiě qù.

5 다음 우리말을 중국어로 바꿔 보세요.

① 당신은 어디 사람인가요? _____?

② 어느 쪽으로 가나요? _____?

종합테스트

6 그림을 보고 상황에 맞게 대화를 나눠 보세요.

❶

A : _____

B : _____

❷

A : _____

B : _____

7 제시된 우리말에 해당하는 중국어 문장을 아래의 퍼즐 판에서 찾아보세요.

		你					
		们	您		请	怎	
我	免	不	我	你	票	么	
您	贵	客	差	往	在	去	
	姓	气	点	前	哪	儿	
	金	你	儿	走	儿	边	好
你	打	电	话	忘	了	买	了	走	吗
		您	预	定	了	吗	今		
			好				天		
							走		

예 제 성씨는 김입니다.
1. 당신은 예약하셨나요?
2. 어느 쪽으로 가나요?
3. 하마터면 잊을 뻔했어요.
4. 표는 어디에서 사나요?

06

这边的商品最受欢迎。

이쪽 제품이 가장 인기가 많아요.

 **중국에서도 인터넷 쇼핑을 할 수 있나요?**

　중국은 많은 인구수 만큼 소비자들의 구매력이 높아 '세계의 소비대국'이라고 불리고 있습니다. 또한 세계에서 갈수록 그 위상이 높아지고 있습니다. 현재 중국의 소비 계층은 주로 높은 소득과 자기만족을 중요시하는 바링허우(80后)나 주링허우(90后) 세대가 주축을 이루고 있습니다.

　중국의 쇼핑 산업은 우리나라와 마찬가지로 백화점, 쇼핑몰, 인터넷 쇼핑, 홈쇼핑, 마트 등이 있습니다. 이 중에서도 지금 가장 급성장하고 있는 것은 바로 인터넷 쇼핑 산업입니다. 이것은 넓은 대륙을 오가는 것이 쉽지 않은 중국의 특성이 반영된 것으로 인터넷 쇼핑은 언제 어디서나 다양한 상품을 편리하게 구매할 수 있기 때문입니다. 중국의 대표적인 인터넷 쇼핑몰로는 타오바오(淘宝网), 징둥(京东商城), 텐마오(天猫) 등이 있습니다.

06 这边的商品最受欢迎。
Zhèbiān de shāngpǐn zuì shòu huānyíng.

■ 이번 과에서 배울 주요 표현을 살펴보세요.

这边的商品最受欢迎。
이쪽 제품이 가장 인기가 많아요.

请把那个给我看看。
저걸 좀 보여주세요.

如果您有会员卡，就可以打折。
멤버십 카드가 있으면 할인돼요.

이 과의 어법
동사의 중첩
如果 A 就 B
把+동사+了

☐ 穿	chuān	(옷·신발 등을) 입다, 신다
☐ 这边	zhèbiān	이쪽, 여기
☐ 商品	shāngpǐn	제품, 상품
☐ 受	shòu	받다
☐ 双	shuāng	켤레(쌍을 이룬 것을 세는 단위)
☐ 鞋	xié	신발
☐ 包装	bāozhuāng	포장하다, 포장
☐ 打折	dǎzhé	할인하다, 가격을 깎다
☐ 会员卡	huìyuánkǎ	멤버십 카드
☐ 折	zhé	깎다, 할인하다
☐ 八折	bā zhé	8할 가격, 20% 할인
☐ 还有	háiyǒu	그리고, 또한
☐ 搞	gǎo	하다, 처리하다
☐ 赠	zèng	주다, 선사하다
☐ 活动	huódòng	행사, 활동, 활동하다
☐ 退货	tuìhuò	반품하다
☐ 发票	fāpiào	영수증
☐ 丢	diū	잃어버리다, 분실하다
☐ 抱歉	bàoqiàn	죄송합니다, 미안하게 생각하다
☐ 换货	huànhuò	물품을 교환하다
☐ 办法	bànfǎ	방법

회화 끝.장.내.기 会话

■ 물건을 살 때

民浩 可以看一看吗？
Kěyǐ kàn yi kàn ma?

售货员 可以。哪位要穿？
Kěyǐ. Nǎ wèi yào chuān?

民浩 我的女朋友。我想送给她做生日礼物。
Wǒ de nǚpéngyou. Wǒ xiǎng sòng gěi tā zuò shēngrì lǐwù.

售货员 这边的商品最受欢迎。
Zhèbiān de shāngpǐn zuì shòu huānyíng.

民浩 请把那双鞋给我看看。
Qǐng bǎ nà shuāng xié gěi wǒ kànkan.

售货员 她穿多大号的？
Tā chuān duō dà hào de?

民浩 38号的。请把礼物包装一下。
Sānshíbā hào de. Qǐng bǎ lǐwù bāozhuāng yíxià.

Plus 학습

◎ 쇼핑 관련

鞋店 xiédiàn 신발 상점
服装店 fúzhuāngdiàn 의류 상점
化妆品店 huàzhuāngpǐndiàn 화장품 상점

优惠价 yōuhuìjià 우대 가격
促销价 cùxiāojià 세일 가격
免费 miǎnfèi 돈을 받지 않다, 무료

■ 할인 상품을 살 때

琳琳　这个可以打折吗?
　　　Zhè ge kěyǐ dǎzhé ma?

售货员　如果您有会员卡，就可以打折。
　　　　Rúguǒ nín yǒu huìyuánkǎ, jiù kěyǐ dǎzhé.

琳琳　打几折?
　　　Dǎ jǐ zhé?

售货员　打八折，还有这个商品在搞买一赠一活动。
　　　　Dǎ bā zhé, háiyǒu zhè ge shāngpǐn zài gǎo mǎi yī zèng yī huódòng.

■ 환불할 때

民浩　这个可以退货吗?
　　　Zhè ge kěyǐ tuìhuò ma?

售货员　您带来发票了吗?
　　　　Nín dàilái fāpiào le ma?

民浩　我把它丢了。
　　　Wǒ bǎ tā diū le.

售货员　很抱歉。退货、换货都没有发票都没办法换。
　　　　Hěn bàoqiàn. Tuìhuò、huànhuò dōu méiyǒu fāpiào dōu méi bànfǎ huàn.

> OX 퀴즈

◎ 본문 내용과 일치하면 O, 틀리면 X를 하세요.

① 民浩买了妈妈的生日礼物。　　　(　　)
　　Mínhào mǎi le māma de shēngrì lǐwù.

② 民浩没把发票带来。　　　(　　)
　　Mínhào méi bǎ fāpiào dàilái.

어법 끝.장.내.기 语法

1 동사의 중첩

중첩된 동사는 '좀 ~하다, 시험 삼아 ~해보다'라는 뜻으로 문장의 어기를 가볍게 하는 역할을 한다. 중첩하는 방식은 동사의 형태에 따라 달라진다.

- 단음절 동사의 중첩 → AA, A一A, A了A(과거형)

  你说一说你的感受。
  Nǐ shuō yi shuō nǐ de gǎnshòu.

  大家谈了谈自己的想法。
  Dàjiā tán le tán zìjǐ de xiǎngfǎ.

> **TIP**
> *A一A 형태의 중첩은 AA 형태보다 정중하고 강조의 의미가 큽니다.
> *이음절어 동사는 AB一AB의 형태로 중첩하지 않습니다.

- 이음절 동사의 중첩 → ABAB, AAB(이합사일 때), AB了AB(과거형)

  我们商量商量这个问题。
  Wǒmen shāngliang shāngliang zhè ge wèntí.

  老师介绍了介绍中国的情况。
  Lǎoshī jièshào le jièshào Zhōngguó de qíngkuàng.

*感受 gǎnshòu 느낌, 느끼다
*谈 tán 말하다, 이야기하다
*自己 zìjǐ 자기, 자신
*情况 qíngkuàng 상황, 정황

2 如果 A 就 B

'만약 A라면 B 할 것이다'라는 뜻으로 가설의 의미를 나타낸다. 즉, A라는 가설이 만족한다는 전제 하에 B라는 결과가 발생한다는 것을 설명한다.

如果明天下雨，他就不会来了。
Rúguǒ míngtiān xià yǔ, tā jiù bú huì lái le.

如果你不喜欢，那就算了。
Rúguǒ nǐ bù xǐhuan, nà jiù suàn le.

*算 suàn 그만두다, 그냥 넘기다

◎ 주어진 단어를 우리말 뜻에 맞게 배열해 보세요.

① 멤버십 카드가 있으면 할인돼요. (可以 kěyǐ / 就 jiù / 打折 dǎzhé)
   如果有会员卡，＿＿＿＿＿＿＿＿＿＿＿＿＿＿＿。
   Rúguǒ yǒu huìyuánkǎ,

② 만약 내일 시간이 있다면, 우리 콘서트에 가요.
   (明天 míngtiān / 时间 shíjiān / 有 yǒu / 如果 rúguǒ)
   ＿＿＿＿＿＿＿＿＿＿＿＿＿＿，我们就去演唱会吧。
                      wǒmen jiù qù yǎnchànghuì ba.

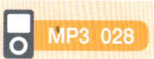

3 把+동사+了

'把자문'에서 동사 뒤에 '了'가 올 경우는 동작이 이미 발생했음을 나타낸다. 만약 동사 뒤에 '着'가 오면 동작이 아직 발생하지 않았거나 명령의 어기를 나타낸다.

我把玻璃杯打碎了。
Wǒ bǎ bōlibēi dǎsuì le.

你帮我把这个包提着。
Nǐ bāng wǒ bǎ zhè ge bāo tízhe.

*玻璃杯 bōlibēi 유리컵
*打碎 dǎsuì 깨다, 부수다
*帮 bāng 돕다
*包 bāo 가방
*提 tí (손잡이나 끈이 있는 물건을) 들다

◎ 보기에서 알맞은 단어를 골라 빈칸에 써넣으세요.

| 보기 | 着 zhe | 了 le |

① 我把发票丢 _____ 。
Wǒ bǎ fāpiào diū

② 你把钥匙拿 _____ 。
Nǐ bǎ yàoshi ná

충동구매는 이제 그만~, 쇼핑 욕구를 풀 뽑듯이 拔草

요즘 중국에서는 쇼핑에 관련된 재미있는 표현을 쓰이고 있습니다. 쇼핑을 하다가 자신의 마음에 쏙 드는 물건을 발견하는 경우를 '种草'라고 표현하는데 이는 원래 '풀을 심다'라는 뜻이지만, 어떤 물건에 마음을 뺏겨 구매하고 싶은 상태를 표현한 것이죠. 사고 싶은 물건이 있는데 사지 못하면 자꾸 눈앞에서 그 물건이 아른거리게 되는 경우는 '长草'라고 표현합니다. 말 그대로 풀이 자라듯이 구매 욕구가 점점 커지는 것을 빗댄 표현입니다. 자신의 통장 잔액을 생각하고 정신을 차려 구매를 포기하는 것을 '拔草'라고 말합니다. 풀을 뽑듯이 사고 싶었던 물건에 대한 생각을 싹둑 잘라버리는 것을 표현한 것이죠.

이렇게 쇼핑에 대한 생각을 풀에 비유한 중국 사람들은 정말 재치가 넘치는 것 같네요.

*种 zhòng 심다   *草 cǎo 풀   *长 zhǎng 자라다   *拔 bá 뽑다

끝장 마무리 练习

1 다음 단어나 표현을 넣고 대화 연습을 해보세요.

① A: 哪位要穿？
B: 我的女朋友。
  我想送给她做 生日 礼物。
  　　　　　　　毕业
  　　　　　　　结婚
  　　　　　　　升职

升职 shēngzhí 승진

② A: 这个可以打折吗？
B: 打八折。
  打七折
  打对折
  没有折扣

七折 qī zhé
7할 가격, 30% 할인
对折 duìzhé
50% 할인, 반값으로 할인하다
折扣 zhékòu 할인, 에누리

③ A: 这个可以 退货 吗？
　　　　　　换货
　　　　　　退款
　　　　　　修改
B: 您带来发票了吗？

退款 tuìkuǎn
환불하다, 환불
修改 xiūgǎi
수선하다, 고치다

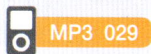

2 그림을 보고 문장을 완성한 후 대화 연습을 해보세요.

A：可以看 ❶_____看吗？

B：可以。这边的商品最 ❷_____欢迎。

A：这个可以 ❸_____吗？

B：打 ❹_____。

3 우리말 뜻에 맞게 문장을 완성하세요.

❶ 그녀에게 생일 선물로 주려고요.

➡ 我想_____给她做生日礼物。

❷ 멤버십 카드가 있으면 할인돼요.

➡ _____您有会员卡，就可以打折。

❸ 제가 그걸 잃어버렸어요.

➡ 我把它_____了。

二、阅读
第一部分

第 36-40 题

A B C D E F

Měi ge xīngqīliù, wǒ dōu qù dǎ lánqiú.
例如：每个星期六，我都去打篮球。   D

Wǒ xiǎng sòng gěi tā zuò shēngrì lǐwù.
36. 我想送给她做生日礼物。

Zhèbiān de shāngpǐn zuì shòu huānyíng.
37. 这边的商品最受欢迎。

Qǐng bǎ lǐwù bāozhuāng yíxià.
38. 请把礼物包装一下。

Rúguǒ nín yǒu huìyuánkǎ, jiù kěyǐ dǎzhé.
39. 如果您有会员卡，就可以打折。

Tuìhuò、huànhuò dōu méiyǒu fāpiào dōu méi bànfǎ huàn.
40. 退货、换货都没有发票都没办法换。

07

能用信用卡付钱吗?

신용카드로 계산해도 되나요?

 중국에서는 맥도날드를 어떻게 말하나요?

중국에 가서 외국 브랜드의 간판이나 외래어로 쓰인 메뉴판을 보면 알아보기 어려운 경우가 있습니다. 우리나라에서는 외래어를 가능한 한 해당 외국어 발음과 비슷하게 표기하지만, 중국에서는 외국어를 그대로 표기하는 경우가 거의 없기 때문입니다. 중국 사람들은 최대한 자국에서 사용하기 편하도록 외국어도 '중국화' 시킵니다.

중국에서의 외래어 표기 방법은 주로 음이 비슷한 한자를 차용해서 만드는데, 어떤 경우에는 차용한 한자의 뜻까지 해당 외국어의 의미와 비슷한 것으로 차용하기도 합니다. '맥도날드'를 뜻하는 '마이당라오(麦当劳)'는 음을 그대로 차용한 것이고, '버거킹'을 뜻하는 '한바오왕(汉堡王, 햄버거 왕)'은 뜻을 차용한 것이라고 할 수 있습니다. 이와 같은 사실을 염두하여 중국에서 간판이나 메뉴판에 적힌 외래어를 보면 더욱 흥미로울 것입니다.

07 能用信用卡付钱吗?
Néng yòng xìnyòngkǎ fù qián ma?

■ 이번 과에서 배울 주요 표현을 살펴보세요.

您在这儿吃还是打包?
여기서 드시나요, 아니면 포장하시나요?

能用信用卡付钱吗?
신용카드로 계산해도 되나요?

请在这儿签名。
여기에 서명해 주세요.

이 과의 어법

지시대명사 这样
부사 更
来의 용법

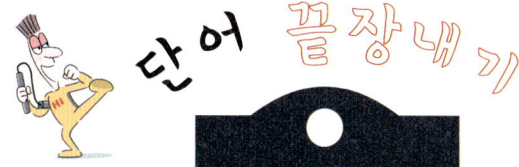

☐	汉堡包	hànbǎobāo	햄버거
☐	可乐	kělè	콜라
☐	套餐	tàocān	세트 메뉴
☐	更	gèng	더, 더욱, 훨씬
☐	份	fèn	벌, 세트(배합하여 한 세트가 되는 것을 세는 단위)
☐	薯条	shǔtiáo	감자튀김
☐	杯	bēi	잔, 컵(잔이나 컵에 담긴 것을 세는 단위)
☐	打包	dǎ bāo	포장하다
☐	拿铁咖啡	nátiě kāfēi	카페라테
☐	放	fàng	넣다, 타다
☐	牛奶	niúnǎi	우유
☐	豆奶	dòunǎi	두유
☐	热	rè	뜨겁다, 덥다
☐	凉	liáng	차갑다, 서늘하다
☐	威化饼	wēihuàbǐng	와플
☐	一共	yígòng	모두, 전부
☐	用	yòng	사용하다, 쓰다, ~로써
☐	信用卡	xìnyòngkǎ	신용카드
☐	付钱	fù qián	돈을 지급하다
☐	签名	qiān míng	서명하다

회화 끝.장.내.기 会话

■ 패스트푸드점에서 주문할 때

服务员 您点什么呢？
Nín diǎn shénme ne?

民浩 我要汉堡包和可乐。
Wǒ yào hànbǎobāo hé kělè.

服务员 我看，您还不如点套餐。这样更便宜。
Wǒ kàn, nín hái bùrú diǎn tàocān. Zhèyàng gèng piányi.

民浩 这个套餐里都有什么？
Zhè ge tàocān li dōu yǒu shénme?

服务员 套餐包含一个汉堡包、一份薯条、一杯可乐。
Tàocān bāohán yí ge hànbǎobāo, yí fèn shǔtiáo, yì bēi kělè.

民浩 好的。我来点这个套餐。
Hǎo de. Wǒ lái diǎn zhè ge tàocān.

服务员 您在这儿吃还是打包？
Nín zài zhèr chī háishì dǎ bāo?

民浩 我要打包。
Wǒ yào dǎ bāo.

Plus 학습

◎ 음식 및 음식점명 관련

快餐 kuàicān 패스트푸드
韩餐 háncān 한국 요리
中餐 zhōngcān 중국 요리
西餐 xīcān 서양 요리

麦当劳 Màidāngláo 맥도날드
肯德基 Kěndéjī KFC
必胜客 bìshèngkè 피자헛
香啡缤 Xiāngfēibīn 커피빈

■ 커피숍에서 주문할 때

琳琳 来一杯拿铁咖啡。请不要放牛奶，
Lái yì bēi nátiě kāfēi. Qǐng bú yào fàng niúnǎi,

放豆奶吧。
fàng dòunǎi ba.

服务员 您要热的还是凉的？
Nín yào rè de háishì liáng de?

琳琳 要热的。我还要一个威化饼。
Yào rè de. Wǒ hái yào yí ge wēihuàbǐng.

服务员 一共五十四块。
Yígòng wǔshísì kuài.

琳琳 能用信用卡付钱吗？
Néng yòng xìnyòngkǎ fù qián ma?

服务员 当然。请在这儿签名。
Dāngrán. Qǐng zài zhèr qiān míng.

OX 퀴즈

◎ 본문 내용과 일치하면 O, 틀리면 X를 하세요.

① 套餐包含一个汉堡包、一杯可乐。　　(　　)
　Tàocān bāohán yí ge hànbǎobāo、yì bēi kělè.

② 琳琳点了放牛奶的拿铁咖啡。　　(　　)
　Línlin diǎn le fàng niúnǎi de nátiě kāfēi.

어법 끝.장.내.기 语法

1 지시대명사 这样

어떠한 성질, 방식, 정도를 가리킬 때 '这样'이나 '那样'을 사용한다. '这样'이나 '那样'이 직접 명사를 수식할 경우에는 뒤에 '的'를 써야 한다.

这样才能成功。
Zhèyàng cái néng chénggōng.

你怎么能说这样的话?
Nǐ zěnme néng shuō zhèyàng de huà?

*那样 nàyàng 그렇게, 그러면
*才 cái 비로소, 오직 ~해야만
*成功 chénggōng 성공하다

◎ 주어진 단어를 우리말 뜻에 맞게 배열해 보세요.

① 이러면 더 싸요. (更 gèng / 便宜 piányi / 这样 zhèyàng)
　 _____。

② 어떻게 이런 일을 할 수 있나요?
　 (做 zuò / 这样 zhèyàng / 事儿 shìr / 的 de / 能 néng)
　 你怎么 _____?
　 Nǐ zěnme

2 부사 更

정도를 나타내는 부사 '更'은 '더욱, 훨씬'이라는 뜻으로 어떠한 상황이 더욱 심화됨을 표현한다.

哪种颜色更漂亮呢?
Nǎ zhǒng yánsè gèng piàoliang ne?

我喜欢高山，更喜欢大海。
Wǒ xǐhuan gāoshān, gèng xǐhuan dàhǎi.

*颜色 yánsè 색, 색깔
*高山 gāoshān 높은 산
*大海 dàhǎi 큰 바다, 대해

◎ 다음 문장에서 '更'이 들어갈 알맞은 위치를 골라 보세요.

① A 这 B 种 C 颜色 D 漂亮。
　　　 zhè　　zhǒng　　yánsè　　piàoliang.

② 我 A 喜欢 B 咖啡，C 喜欢 D 牛奶。
　 Wǒ　　xǐhuan　　kāfēi,　　xǐhuan　　niúnǎi.

3 来의 용법

'来'가 다른 동사 앞에 쓰일 경우는 어떤 동작이나 행위의 주체를 강조한다. 또한 의미가 구체적인 동사를 대신해 쓰기도 한다.

你来说一遍吧!
Nǐ lái shuō yí biàn ba!

你唱得太好了, 再来一首吧!
Nǐ chàng de tài hǎo le, zài lái yì shǒu ba!

*唱 chàng 노래하다
*首 shǒu 곡, 수(노래 · 시[詩] 등을 세는 단위

◎ 다음 문장의 우리말 뜻을 써보세요.

① 我来点这个菜。　　_____.
　 Wǒ lái diǎn zhè ge cài.

② 再来一杯吧!　　_____!
　 Zài lái yì bēi ba!

음식 먹기 전, 찰칵찰칵! 炫食族

얼마 전 우리나라에 맛집 열풍이 불었습니다. 사람들은 전국의 맛집을 다니면서 음식 사진을 찍은 뒤, 주변 사람들이 볼 수 있는 SNS에 올려 자랑하곤 했지요. 중국에서도 이러한 젊은이들이 늘어나고 있는데, 이런 사람들을 '炫食族'라고 부릅니다. '炫食'를 우리말로 하면 '먹는 것을 자랑하다'라는 뜻으로, '炫食族'는 말 그대로 음식을 먹기 전 사진을 찍어서 자신의 SNS에 올려 과시하는 사람을 말합니다. 음식에 대한 추억을 사진으로 남기는 것이 나쁜 것은 아니지만, 남들에게 과시할 목적이라면 지양할 일입니다. 또한 사진을 찍느라 함께 식사하러 간 사람을 너무 오래 기다리게 하는 것 역시 예의에 어긋나는 행동이니 주의해야 하겠죠?

*炫食族 xuànshízú 식사 전 음식 사진을 찍는 습관을 가진 사람들

끝장 마무리 练习

1 다음 단어나 표현을 넣고 대화 연습을 해보세요.

❶ A: 您点什么呢？
　 B: 我要 汉堡包和可乐。
　　　　 比萨
　　　　 沙拉
　　　　 意大利面

比萨 bǐsà 피자
沙拉 shālā 샐러드
意大利面 Yìdàlìmiàn 스파게티

❷ A: 你要 热的 还是 凉的？
　　　　 吃中餐　　西餐
　　　　 买T恤衫　衬衫
　 B: 要 热 的。
　　　　 吃西餐
　　　　 买衬衫

T恤衫 Txùshān 티셔츠
衬衫 chènshān 셔츠

❸ A: 能用信用卡 付钱 吗？
　　　　　　　　 支付
　　　　　　　　 购买
　　　　　　　　 订购
　 B: 当然。

支付 zhīfù 지불하다
购买 gòumǎi 구매하다
订购 dìnggòu 주문하다

2 그림을 보고 문장을 완성한 후 대화 연습을 해보세요.

A：您 ❶_____什么？

B：来一 ❷_____拿铁咖啡吧。

A：您要热的 ❸_____凉的？

B：要热的。能 ❹_____信用卡付钱吗？

3 우리말 뜻에 맞게 문장을 완성하세요.

❶ 세트로 주문하는 게 더 나을 것 같아요.

➡ 你还_____点套餐。

❷ 이 세트로 주문할게요.

➡ 我_____点这个套餐。

❸ 전부 54위안입니다.

➡ _____五十四块。

二、阅读
第二部分

第 41-45 题

	dōu		fàng		háishì		hái		guì		hé
A	都	B	放	C	还是	D	还	E	贵	F	和

例如：这儿的羊肉很好吃，但是也很（ E ）。
Zhèr de yángròu hěn hǎochī, dànshì yě hěn

41. 我要汉堡包（　）可乐。
    Wǒ yào hànbǎobāo　　kělè

42. 这个套餐里（　）有什么？
    Zhè ge tàocān li　　yǒu shénme?

43. 你在这儿吃（　）打包？
    Nǐ zài zhèr chī　　dǎ bāo?

44. 请不要（　）牛奶。
    Qǐng bú yào　　niúnǎi.

45. 我（　）要一个威化饼。
    Wǒ　　yào yí ge wēihuàbǐng.

08

月饼挺像圆圆的月亮。

위에빙은 마치 둥근 달 같아요.

중국에는 어떤 명절이 있나요?

중국의 전통 명절은 우리나라와 비슷합니다. 그중 '춘제(春节)'는 우리나라의 설날에 해당하는 날로 중국 최대의 명절이라고 할 수 있습니다. 이날에는 온 가족이 모여 '자오쯔(饺子)'를 함께 나눠 먹습니다. 그리고 우리나라의 정월 대보름에 해당하는 '위안샤오제(元宵节)'에는 '탕위안(汤圆)'을, '돤우제(端午节)'에는 '쭝쯔(粽子)'를 먹는 풍습이 있습니다.

최근 조사에 따르면 중국 학생들 사이에서는 중국의 전통 명절보다는 서양에서 전해진 크리스마스(圣诞节)나 밸런타인데이(情人节) 등을 더 선호한다고 합니다. 이런 문제가 제기되자 최근 젊은 이들 사이에서 자발적으로 견우와 직녀가 만난다는 전설이 있는 '치시제(七夕节, 음력 7월 7일)'를 중국의 전통 '칭런제(情人节)'라고 부르면서 연인끼리 선물을 주고받으며 중국 전통 명절 부활에 힘쓰고 있다고 합니다.

08 月饼挺像圆圆的月亮。
Yuèbing tǐng xiàng yuányuán de yuèliang.

■ 이번 과에서 배울 주요 표현을 살펴보세요.

中国人过中秋节的时候要吃月饼。
중국 사람은 중추절을 보낼 때 위에빙을 먹어요.

月饼挺像圆圆的月亮。
위에빙은 마치 둥근 달 같아요.

你知不知道今天是什么日子?
오늘이 무슨 날인지 아세요?

이 과의 어법
부사 挺
조사 着
정반의문문(이음절어)

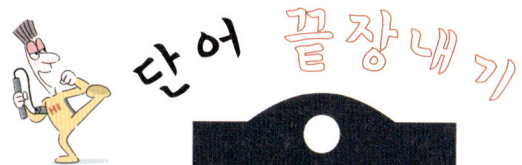

在	zài	~하고 있다, ~하는 중이다
月饼	yuèbing	위에빙(월병)
中秋节	Zhōngqiūjié	중추절(우리나라의 추석에 해당함)
时候	shíhou	때, 시각, 무렵
挺	tǐng	매우, 아주
像	xiàng	닮다, 비슷하다, ~와 같다
圆	yuán	둥글다
月亮	yuèliang	달
象征	xiàngzhēng	상징하다, 상징
着	zhe	~하고 있다(동작이나 상태의 지속을 나타냄)
一样	yíyàng	~와 같이, 같다
团聚	tuánjù	한자리에 모이다
原来如此	yuánláirúcǐ	알고 보니 그렇다
尝	cháng	맛보다
知道	zhīdao	알다, 이해하다
日子	rìzi	날, 때
光棍节	guānggùnjié	광군절, 솔로의 날
娱乐性	yúlèxìng	오락성
节日	jiérì	명절, 기념일
意思	yìsi	뜻, 의미
单身	dānshēn	솔로, 독신
各	gè	각, 여러
商场	shāngchǎng	상가, 쇼핑센터

회화 끝.장.내.기 会话

■ 전통 명절에 대해 말할 때

民浩 你在吃什么？
Nǐ zài chī shénme?

唐薇 我在吃月饼。中国人过中秋节的时候要吃月饼。
Wǒ zài chī yuèbing. Zhōngguó rén guò Zhōngqiūjié de shíhou yào chī yuèbing.

民浩 月饼挺像圆圆的月亮。
Yuèbing tǐng xiàng yuányuán de yuèliang.

唐薇 对，这象征着和圆圆的月亮一样，
Duì, zhè xiàngzhēng zhe hé yuányuán de yuèliang yíyàng,

要全家人团聚在一起。
yào quán jiārén tuánjù zài yìqǐ.

民浩 原来如此。味道怎么样？
Yuánláirúcǐ. Wèidào zěnmeyàng?

唐薇 很好吃。你也尝一尝吧！
Hěn hǎochī. Nǐ yě cháng yi cháng ba!

Plus 학습

◎ 중국의 명절

春节 Chūnjié 설, 춘절
元宵节 Yuánxiāojié 정월 대보름
清明节 Qīngmíngjié 청명절
国庆节 guóqìngjié 국경절
儿童节 értóngjié 어린이날
劳动节 Láodòngjié 노동절

■ 오락성 명절에 대해 말할 때

琳琳 你知不知道今天是什么日子？
Nǐ zhī bu zhīdao jīntiān shì shénme rìzi?

民浩 今天是十一月十一号。今天是什么日子吗？
Jīntiān shì shíyī yuè shíyī hào. Jīntiān shì shénme rìzi ma?

琳琳 就是'光棍节'。光棍节是一种娱乐性节日。
Jiù shì 'guānggùnjié'. Guānggùnjié shì yì zhǒng yúlèxìng jiérì.

民浩 '光棍'是什么意思？
'Guānggùn' shì shénme yìsi?

琳琳 光棍在汉语有单身的意思。
Guānggùn zài Hànyǔ yǒu dānshēn de yìsi.

民浩 啊，光棍节就是单身的日子吧。
À, guānggùnjié jiù shì dānshēn de rìzi ba.

琳琳 这也可以说是各大商场打折活动的日子。
Zhè yě kěyǐ shuō shì gè dà shāngchǎng dǎ zhé huódòng de rìzi.

OX 퀴즈

◎ 본문 내용과 일치하면 O, 틀리면 X를 하세요.

① 韩国人过中秋节的时候要吃月饼。　　（　　）
　Hánguó rén guò Zhōngqiūjié de shíhou yào chī yuèbing.

② 光棍节是中国的传统节日。　　（　　）
　Guānggùnjié shì Zhōngguó de chuántǒng jiérì.

# 어법 끝.장.내.기
语法

1 부사 挺

'挺'은 '매우, 아주'라는 뜻으로 주로 구어체에 사용되며, '很' 보다는 약한 정도를 나타낸다. 형용사나 동사를 수식하며, 뒤에 '的'를 쓰기도 한다.

这件衣服挺合适。
Zhè jiàn yīfu tǐng héshì.

老师对我挺照顾的。
Lǎoshī duì wǒ tǐng zhàogù de.

*合适 héshì 알맞다, 적합하다
*照顾 zhàogù 돌보다, 보살피다

◎ 주어진 단어를 우리말 뜻에 맞게 배열해 보세요.

① 위에빙은 둥근 달과 같아요.
(圆圆的 yuányuán de / 挺 tǐng / 月亮 yuèliang / 像 xiàng)
月饼 _____。
Yuèbing

② 이 옷은 아주 깨끗해요.
(件 jiàn / 衣服 yīfu / 干净 gānjìng / 这 zhè / 挺 tǐng / 的 de)
_____。

2 조사 着

'着'는 동사나 형용사 뒤에 쓰여 동작이 진행 중이거나 상태가 지속되고 있음을 나타낸다. 목적어가 있을 때는 「동사(형용사)+着+목적어」의 형태로 쓰인다.

他在椅子上坐着。
Tā zài yǐzi shang zuò zhe.

屋子里还亮着灯。
Wūzi li hái liàng zhe dēng.

*屋子 wūzi 방
*亮 liàng 밝다, 빛나다
*灯 dēng 등, 램프, 라이트

◎ 다음 문장에서 '着'가 들어갈 알맞은 위치를 골라 보세요.

① 书 A 在 B 桌子上 C 放 D。
   Shū   zài   zhuōzi shang fàng

② A 手上 B 拿 C 铅笔 D。
     shǒu shang   ná   qiānbǐ.

3 정반의문문(이음절어)

술어의 긍정형과 부정형을 연이어 사용하는 의문문이다. 술어로 쓰이는 동사가 이음절일 경우, 앞 동사의 두 번째 글자는 생략할 수 있다.

你喜(欢)不喜欢音乐?
Nǐ xǐ(huan) bu xǐhuan yīnyuè?

他们参(加)不参加会议?
Tāmen cān(jiā) bu cānjiā huìyì?

*参加 cānjiā 참가하다
*会议 huìyì 회의

◎ 다음 문장을 보기와 같이 정반의문문 형태로 고쳐보세요.

보기	我参加会议。 → 你参不参加会议?
	Wǒ cānjiā huìyì.　　Nǐ cān bu cānjiā huìyì?

① 我知道他的名字。 → _____?
　Wǒ zhīdao tā de míngzi.

② 我喜欢运动。 → _____?
　Wǒ xǐhuan yùndòng.

나 완전히 빈털터리야, 오늘부터는 吃土~

'吃土'라고 해서 정말 흙을 먹는 것으로 오해하면 안 됩니다. 이 말은 최근 중국판 블랙프라이데이라고 불리는 '광군절(光棍节)'이 유행하면서부터 생겨난 신조어입니다. 광군절에 너무 많은 돈을 소비해서 밥 사 먹을 돈조차 없어 흙이라도 파먹어야 한다는 우스갯소리에서 비롯된 말이지요. 이와 비슷한 표현으로 중국에서는 쇼핑 중독자를 '剁手族'라고 부릅니다. '剁手'를 직역하면 '손을 자르다'라는 다소 무서운 뜻입니다. 지나친 쇼핑 중독으로 손을 자르지 않으면 물건을 사기 위해 마우스를 클릭하는 손을 멈출 수 없다는 뜻에서 만들어진 말입니다. '吃土'나 '剁手族' 모두 섬뜩한 표현이지만, 쇼핑 중독의 폐해를 제대로 전달할 수 있는 말인 것 같습니다.

*吃土 chī tǔ 흙을 먹다(돈이 없어 흙만 먹어야 한다는 의미)
*剁手族 duòshǒuzú 쇼핑 중독자, 충동구매자

끝장 마무리 练习

1 다음 단어나 표현을 넣고 대화 연습을 해보세요.

❶ A: 中国人过 中秋节 的时候要吃 月饼。
　　　　　春节　　　　　　饺子
　　　　　端午节　　　　　粽子

　 B: 月饼 很好吃。
　　 饺子
　　 粽子

端午节 Duānwǔjié 단오절
饺子 jiǎozi 만두, 교자
粽子 zòngzi 쫑쯔(대나무 잎에 찹쌀을 넣고 쪄서 만든 음식)

❷ A: 味道怎么样？
　 B: 很好吃。
　　 味道好极了
　　 味道不怎么好
　　 变味儿了

极 jí 극도의, 정점에 이르다
不怎么 bù zěnme 그다지, 별로 ~하지 않다
变味儿 biàn wèir 맛이 변하다

❸ A: 今天是什么日子吗？
　 B: 就是'光棍节'。
　　　　国庆节
　　　　圣诞节
　　　　情人节

圣诞节 Shèngdànjié 성탄절
情人节 Qíngrénjié 밸런타인데이

2 그림을 보고 문장을 완성한 후 대화 연습을 해보세요.

A：你 ❶_____吃什么？
B：我在吃月饼。中国人过中秋节的 ❷_____要吃月饼。
A：❸_____怎么样？
B：很好吃。你也 ❹_____吧！

3 우리말 뜻에 맞게 문장을 완성하세요.

❶ 오늘 무슨 날인가요?
➡ 今天是什么_____吗？

❷ 광군절은 일종의 오락성 명절이에요.
➡ 光棍节是一种娱乐性_____。

❸ '광군'은 중국어로 솔로라는 의미가 있어요.
➡ '光棍'在汉语有单身的_____。

新HSK 모의고사 2급

二、阅读
第三部分

第 46-50 题

例如：
Xiànzài shì shíyī diǎn sānshí fēn, tāmen yǐjīng yóu le èrshí fēnzhōng le.
现在是11点30分，他们已经游了20分钟了。

Tāmen shíyī diǎn shí fēn kāishǐ yóuyǒng.
★ 他们11点10分开始游泳。　　　　　　　　　　（ ✓ ）

Wǒ huì tiào wǔ, dàn tiào de bù zěnmeyàng.
我会跳舞，但跳得不怎么样。

Wǒ tiào de fēicháng hǎo.
★ 我跳得非常好。　　　　　　　　　　　　　　（ ✗ ）

46. Wǒ zài chī yuèbing. Zhōngguó rén guò Zhōngqiūjié de shíhou yào chī yuèbing.
我在吃月饼。中国人过中秋节的时候要吃月饼。

Wǒ shì Zhōngguó rén.
★ 我是中国人。　　　　　　　　　　　　　　　（　　）

47. Yuèbing xiàngzhēng zhe hé yuányuán de yuèliang yíyàng, quán jiārén tuán jù zài yìqǐ.
月饼象征着和圆圆的月亮一样，全家人团聚在一起。

Yuèbing tǐng xiàng yuèliang.
★ 月饼挺像月亮。　　　　　　　　　　　　　　（　　）

48. Wèidào hěn búcuò. Nǐ yě cháng yi cháng ba!
味道很不错。你也尝一尝吧！

Wèidào bú tài hǎo.
★ 味道不太好。　　　　　　　　　　　　　　　（　　）

49. Jīntiān shì shíyī yuè shíyī hào. Jīntiān shì shénme rìzi ma?
今天是11月11号。今天是什么日子吗？

Wǒ bù zhīdao jīntiān shì shénme rìzi.
★ 我不知道今天是什么日子。　　　　　　　　　（　　）

50. Shíyī yuè shíyī hào shì guānggùnjié. Zhè shì yì zhǒng yúlèxìng jiérì.
11月11号是光棍节。这是一种娱乐性节日。

Guānggùnjié shì chuántǒng jiérì.
★ 光棍节是传统节日。　　　　　　　　　　　　（　　）

*정답 및 해설은 228쪽에서 확인하세요.

09

你们看起来很般配。

당신들은 정말 잘 어울려 보여요.

중국 사람들의 연애관은 어떤가요?

최근 중국도 서양 문화의 영향으로 인해 남녀 연애관에 많은 변화가 생겼다고 합니다. 중국 젊은이들의 연애관은 과거보다 한층 더 개방적으로 변했고, 결혼 연령도 예전에 비해 다소 늦춰진 것으로 나타나고 있습니다.

중국에서의 결혼은 1950년 제정된 혼인법에 따라 남자는 20세, 여자는 18세 이상으로 정해져 있습니다. 결혼 평균 연령이 20대 초반이었던 과거와 달리, 현재는 20대 중후반으로 늦춰지고 있습니다.

남녀가 짝을 찾기 위해 열정을 쏟는 것은 우리나라 중국이나 별반 다르지 않습니다. 소개팅하기 전에 SNS를 통해 상대방의 외모나 주변 사람들과의 관계를 살펴보고 자신과 잘 맞는 사람인지 먼저 파악합니다. 이는 운명적인 사랑보다는 현실적인 관계를 중요하게 생각하는 중국 젊은이들의 새로운 연애관이 드러나는 것이라 할 수 있습니다.

09 你们看起来很般配。
Nǐmen kàn qǐlai hěn bānpèi.

■ 이번 과에서 배울 주요 표현을 살펴보세요.

她长得怎么样？
그녀는 어떻게 생겼는데요?

不应该只从表面上评价一个人！
외모로만 사람을 평가해서는 안 돼요!

你们看起来很般配。
당신들은 정말 잘 어울려 보여요.

이 과의 어법

조동사 应该

既A又B

복합 방향보어

단어 끝장내기

☐	交往	jiāowǎng	교제하다, 왕래하다
☐	分手	fēnshǒu	헤어지다, 이별하다
☐	突然	tūrán	갑자기, 문득
☐	长	zhǎng	생기다, 자라다
☐	仔细	zǐxì	자세하다, 세심하다
☐	明星	míngxīng	유명 연예인, 스타
☐	应该	yīnggāi	~해야 한다, ~하는 것이 마땅하다
☐	只	zhǐ	단지, 다만
☐	表面	biǎomiàn	겉, 외관
☐	评价	píngjià	평가, 평가하다
☐	满意	mǎnyì	만족하다
☐	类型	lèixíng	유형, 타입
☐	既	jì	~할 뿐만 아니라, ~뿐더러
☐	谦虚	qiānxū	겸손하다
☐	温柔	wēnróu	부드럽고 상냥하다
☐	般配	bānpèi	어울리다, 짝이 맞다
☐	性格	xìnggé	성격
☐	完全	wánquán	완전히, 전혀
☐	血型	xuèxíng	혈액형
☐	心直口快	xīnzhí kǒukuài	거침없이 말하다, 생각하는 바를 숨김없이 말하다
☐	心思细密	xīnsi xìmì	생각이 꼼꼼하다
☐	相信	xiāngxìn	믿다

09 你们看起来很般配。

회화 끝.장.내.기 会话

■ 외모에 대해 말할 때

唐薇 现在你有交往的女朋友吗？
Xiànzài nǐ yǒu jiāowǎng de nǚpéngyou ma?

民浩 最近跟女朋友分手了。为什么突然问这个呢？
Zuìjìn gēn nǚpéngyou fēnshǒu le. Wèishénme tūrán wèn zhè ge ne?

唐薇 我想给你介绍一个女朋友。
Wǒ xiǎng gěi nǐ jièshào yí ge nǚpéngyou.

民浩 真的？她长得怎么样？
Zhēn de? Tā zhǎng de zěnmeyàng?

唐薇 她长得还可以。
Tā zhǎng de hái kěyǐ.

民浩 你仔细说一下。她长得像哪个明星？
Nǐ zǐxì shuō yíxià. Tā zhǎng de xiàng nǎ ge míngxīng?

唐薇 我说，不应该只从表面上评价一个人！
Wǒ shuō, bù yīnggāi zhǐ cóng biǎomiàn shang píngjià yí ge rén!

Plus 학습

◎ 외모와 성격 관련

帅 shuài 잘생기다, 멋지다
丑 chǒu 못생기다
清秀 qīngxiù 수려하다, 청순하고 아름답다

亲切 qīnqiè 친절하다
活泼 huópo 활발하다, 활기차다
自私 zìsī 이기적이다

■ 성격에 대해 말할 때

唐薇　昨天见的那个人你满意吗？
　　　Zuótiān jiàn de nà ge rén nǐ mǎnyì ma?

民浩　对不起，她不是我喜欢的类型。
　　　Duìbuqǐ, tā bú shì wǒ xǐhuan de lèixíng.

唐薇　为什么呢？她既谦虚，又温柔。
　　　Wèishénme ne? Tā jì qiānxū, yòu wēnróu.

　　　你们看起来很般配。
　　　Nǐmen kàn qǐlai hěn bānpèi.

民浩　哪儿啊！咱俩的性格完全不一样。
　　　Nǎr a! Zán liǎ de xìnggé wánquán bù yíyàng.

唐薇　你为什么这样想呢？
　　　Nǐ wèishénme zhèyàng xiǎng ne?

民浩　我是B型血，比较心直口快。
　　　Wǒ shì B xíngxiě, bǐjiào xīnzhí kǒukuài.

　　　但她是A型血，很心思细密。
　　　Dàn tā shì A xíngxiě, hěn xīnsi xìmì.

唐薇　你挺相信这个啊！
　　　Nǐ tǐng xiāngxìn zhè ge a!

OX 퀴즈

◎ 본문 내용과 일치하면 O, 틀리면 X를 하세요.

① 现在民浩没有交往的女朋友。　　（　　）
　　Xiànzài Mínhào méiyǒu jiāowǎng de nǚpéngyou.

② 民浩满意昨天见的那个人。　　（　　）
　　Mínhào mǎnyì zuótiān jiàn de nà ge rén.

어법 끝.장.내.기 语法

1 조동사 应该

'마땅히 ~해야 한다, 틀림없이 ~일 것이다'라는 뜻으로 도리상 반드시 해야 함을 표현하거나 어떠한 사실을 근거로 하는 비교적 확고한 추측을 나타낸다.

孩子应该听妈妈的话。
Háizi yīnggāi tīng māma de huà.

他六点就出发了，上课应该不会迟到。
Tā liù diǎn jiù chūfā le, shàng kè yīnggāi bú huì chídào.

*孩子 háizi (어린) 아이, 자녀
*出发 chūfā 출발하다
*上课 shàng kè 수업하다

◎ 다음 문장에서 '应该'가 들어갈 알맞은 위치를 골라 보세요.

① 不 A 只 B 表面上 C 评价 D 一个人。
　 Bù 　 zhǐ 　 biǎomiàn shang 　 píngjià 　 yí ge rén.

② A 学生们 B 听 C 老师的 D 话。
　 　 xuéshengmen 　 tīng 　 lǎoshī de 　 huà.

2 既A又B

'~이기도 하고, ~이기도 하다'라는 뜻으로 하나의 주체가 어떠한 성질이나 상황을 동시에 가지고 있음을 나타낸다.

TIP 'A也B' 혹은 '又A又B'의 형태로 대체해서 사용할 수 있습니다.

她既漂亮又聪明。
Tā jì piàoliang yòu cōngming.

这种家具既美观，又实用。
Zhè zhǒng jiājù jì měiguān, yòu shíyòng.

*聪明 cōngming 똑똑하다
*家具 jiājù 가구
*美观 měiguān (형식 구성 등이) 보기 좋다
*实用 shíyòng 실용적이다

◎ 다음 문장의 우리말 뜻을 써보세요.

① 我妈妈既谦虚，又温柔。　_____.
　 Wǒ māma jì qiānxū, yòu wēnróu.

② 这种沙发既漂亮，又实用。　_____.
　 Zhè zhǒng shāfā jì piàoliang, yòu shíyòng.

3 복합 방향보어

복합 방향보어는 단순 방향보어에 '来/去'가 결합된 것을 말한다.

	上	下	进	出	回	过	起
来	上来 shànglai	下来 xiàlai	进来 jìnlai	出来 chūlai	回来 huílai	过来 guòlai	起来 qǐlai
去	上去 shàngqu	下去 xiàqu	进去 jìnqu	出去 chūqu	回去 huíqu	过去 guòqu	

'起来'는 기본적으로 낮은 곳에서 높은 곳으로 이동함을 나타낸다. 또한, 어떠한 동작이 시작되어 지속되고 있음을 표현하거나 말하는 사람의 관점, 생각 등을 나타내기도 한다.

她突然哭起来了。
Tā tūrán kū qǐlai le.

听起来, 他好像是广东人。
Tīng qǐlai, tā hǎoxiàng shì guǎngdōng rén.

*哭 kū 울다
*广东 guǎndōng 광동, 광동성[省]

중국에도 엄친아가 있다고?
바로 高富帅!

우리나라에서 한때 유행했던 엄친아(집안, 능력, 재력 등 모든 것을 갖춘 남자)를 가리키는 말이 중국에도 존재합니다. 바로 '高富帅'로 글자만 봐도 한눈에 무슨 뜻인지 알 수 있을 정도입니다. 高는 큰 키를, 富는 재력을, 帅는 잘 생긴 얼굴을 나타냅니다. 高富帅가 엄친아를 가리킨다면 白富美는 엄친딸(외모와 재력을 갖춘 여자)의 중국어식 표현이라고 할 수 있습니다. 高富帅나 白富美라는 말을 통해 중국 사람들이 선호하는 남녀의 기준을 알 수 있는데, 이는 우리나라와 큰 차이가 없는 듯 보입니다. 어느 나라에서나 외모나 재력이 인정받는 현실이 안타깝네요.

*高富帅 gāofùshuài 엄친아
*白富美 báifùměi 엄친딸

끝장 마무리 练习

1 다음 단어나 표현을 넣고 대화 연습을 해보세요.

① A: 为什么突然问这个呢？
　 B: 我想给你介绍 一个女朋友。
　　　　　　　　　 一位老师
　　　　　　　　　 我的好友
　　　　　　　　　 对象

好友 hǎoyǒu 친한 친구
对象 duìxiàng
(연애 결혼의) 상대, 대상

② A: 她长得怎么样？
　 B: 她长得 还可以。
　　　　　　 很漂亮
　　　　　　 很难看
　　　　　　 又漂亮又可爱

难看 nánkàn
못생기다, 보기 싫다
可爱 kě'ài
귀엽다, 사랑스럽다

③ A: 咱俩的 性格 完全不一样。
　　　　　　 意见
　　　　　　 爱好
　　　　　　 长相
　 B: 你为什么这样想呢？

长相 zhǎngxiàng
생김새, 용모

2 그림을 보고 문장을 완성한 후 대화 연습을 해보세요.

A：现在你有 ❶＿＿＿＿的男朋友吗？

B：没有。❷＿＿＿＿＿突然问这个呢？

A：我想给你 ❸＿＿＿＿一个男朋友。

B：真的？他 ❹＿＿＿＿怎么样？

3 우리말 뜻에 맞게 문장을 완성하세요.

❶ 최근에 여자친구랑 헤어졌어요.

➡ 最近跟女朋友＿＿＿＿了。

❷ 그녀는 제가 좋아하는 타입이 아니에요.

➡ 她不是我喜欢的＿＿＿＿。

❸ 당신은 이런 걸 너무 믿는군요!

➡ 你挺＿＿＿＿这个啊！

新HSK 모의고사 2급

二、阅读
第四部分

第 51-55 题

A Wǒ xiǎng gěi nǐ jièshao yí ge nǚpéngyou.
我想给你介绍一个女朋友。

B Xiànzài nǐ yǒu jiāowǎng de nánpéngyou ma?
现在你有交往的男朋友吗？

C Wǒ bù mǎnyì.
我不满意。

D Tā zhǎng de hěn piàoliang.
她长得很漂亮。

E Tā zài nǎr ne? Nǐ kànjiàn tā le ma?
他在哪儿呢？你看见他了吗？

F Tā jì qiānxū, yòu wēnróu.
他既谦虚，又温柔。

例如： Tā hái zài jiàoshì li xuéxí.
他还在教室里学习。 [E]

51. Zuìjìn wǒ gēn nánpéngyou fēnshǒu le.
最近我跟男朋友分手了。 [ ]

52. Tā zhǎng de zěnmeyàng?
她长得怎么样？ [ ]

53. Wèishénme tūrán wèn zhè ge ne?
为什么突然问这个呢？ [ ]

54. Zuótiān jiàn de nà ge rén nǐ mǎnyì ma?
昨天见的那个人你满意吗？ [ ]

55. Nǐ bàba de xìnggé zěnmeyàng?
你爸爸的性格怎么样？ [ ]

第 56-60 题

A Tā shì wǒ de duìxiàng.
她是我的对象。

B Tā zěnme hái méi lái ne?
他怎么还没来呢？

C Tā zhǎng de xiàng nǎ ge míngxīng?
她长得像哪个明星？

D Wǒmen de xìnggé wánquán bù yíyàng.
我们的性格完全不一样。

E Tā shì nǎli rén?
他是哪里人？

56. Bù yīnggāi zhǐ cóng biǎomiàn shang píngjià yí ge rén!
不应该只从表面上评价一个人！ [ ]

57. Wǒ bǐjiào xīnzhí kǒukuài, dàn tā hěn xīnsi xìmì.
我比较心直口快，但她很心思细密。 [ ]

58. Nǐmen kàn qǐlai hěn bānpèi.
你们看起来很般配。 [ ]

59. Tā liù diǎn jiù chūfā le, shàng kè yīnggāi bú huì chídào.
他六点就出发了，上课应该不会迟到。 [ ]

60. Tīng qǐlai, tā hǎoxiàng shì guǎngdōng rén.
听起来，他好像是广东人。 [ ]

*정답 및 해설은 229쪽에서 확인하세요.

10

你猜一猜哪个队会赢。
어느 팀이 이길지 맞혀보세요.

 중국 사람들이 좋아하는 스포츠는 무엇인가요?

전 세계인의 스포츠 축제인 올림픽 경기에서 중국이 아시아권에서는 단연 우수한 성적을 거두곤 합니다. 인구가 많다는 점에서 유리한 점도 있지만 중국 사람들 자체가 스포츠를 무척 즐기며 관심도 많기 때문일 것입니다. 중국 사람들에게 가장 사랑받는 스포츠는 탁구입니다. 좋아하는 스포츠를 물어보면 대다수가 '탁구(乒乓球)'라고 대답합니다. 이렇게 탁구는 중국의 국민 스포츠로 자리잡고 있습니다.

탁구 이외에 배드민턴(羽毛球)이나 농구(篮球)도 중국 사람들이 좋아하는 스포츠입니다. 그리고 전 세계인이 즐기는 축구(足球) 또한 중국에서 사랑받는 스포츠 경기 중 하나입니다. 중국의 주석인 시진핑(习近平)은 자신이 축구 팬이라고 직접 언급할 정도로 축구를 좋아한다고 합니다. 하지만 최근 중국 축구 대표팀의 성적이 좋지 않아 중국의 축구 팬들에게 아쉬움을 주고 있습니다.

10 你猜一猜哪个队会赢。
Nǐ cāi yi cāi nǎ ge duì huì yíng.

■ 이번 과에서 배울 주요 표현을 살펴보세요.

因为运动不够，所以胖了点儿。
운동이 부족해서 살이 좀 찐 걸 거예요.

买着了，可是票价贵了一倍。
샀지만, 푯값이 배로 비싸요.

你猜一猜哪个队赢。
어느 팀이 이길지 맞혀보세요.

이 과의 어법

\# 因为 A 所以 B
\# 연동문
\# 결과보어 着

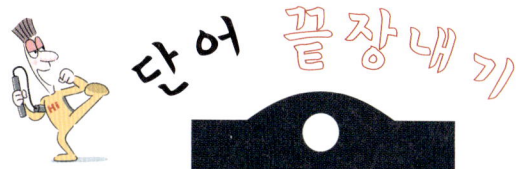 

☐	胖	pàng	뚱뚱하다
☐	公斤	gōngjīn	킬로그램, kg
☐	因为	yīnwèi	왜냐하면
☐	运动	yùndòng	운동
☐	够	gòu	충분하다
☐	所以	suǒyǐ	그래서
☐	高尔夫球	gāo'ěrfūqiú	골프
☐	呼吸	hūxī	호흡하다
☐	世界杯	shìjièbēi	월드컵
☐	足球	zúqiú	축구
☐	赛	sài	경기, 대회, 시합하다
☐	队	duì	팀, 단체
☐	比赛	bǐsài	경기, 대회
☐	日本	Rìběn	일본
☐	着	zháo	동사 뒤에 쓰여 어떤 결과를 발생시키거나 목적을 달성했음을 나타냄
☐	可是	kěshì	그러나, 하지만
☐	票价	piàojià	푯값
☐	倍	bèi	배, 곱절
☐	猜	cāi	추측하다, 알아맞히다
☐	赢	yíng	이기다, 승리하다
☐	运动员	yùndòngyuán	운동 선수
☐	球	qiú	공, 볼
☐	比	bǐ	(경기에서의) 대, 비교하다
☐	反败为胜	fǎn bài wéi shèng	역전승하다

회화 끝.장.내.기 会话

■ 건강 관리에 대해 말할 때

琳琳 最近我胖了三公斤，怎么办？
Zuìjìn wǒ pàng le sān gōngjīn, zěnme bàn?

民浩 因为运动不够，所以胖了点儿。
Yīnwèi yùndòng bú gòu, suǒyǐ pàng le diǎnr.

琳琳 我也知道。
Wǒ yě zhīdao.

民浩 我从上个月就开始学打高尔夫球了。
Wǒ cóng shàng ge yuè jiù kāishǐ xué dǎ gāo'ěrfūqiú le.

你跟我一起去打吧！
Nǐ gēn wǒ yìqǐ qù dǎ ba!

琳琳 我觉得打高尔夫球没意思。
Wǒ juéde dǎ gāo'ěrfūqiú méi yìsi.

民浩 那你喜欢什么运动？
Nà nǐ xǐhuan shénme yùndòng?

琳琳 我喜欢呼吸运动。
Wǒ xǐhuan hūxī yùndòng.

Plus 학습

◎ 운동 관련

棒球 bàngqiú 야구
乒乓球 pīngpāngqiú 탁구
保龄球 bǎolíngqiú 볼링

奥运会 àoyùnhuì 올림픽
亚运会 yàyùnhuì 아시안 게임
世界大学生运动会 유니버시아드 대회
shìjiè dàxuéshēng yùndònghuì

■ 경기 관람할 때

琳琳 这场世界杯足球赛是哪两个队的比赛？
Zhè chǎng shìjièbēi zúqiú sài shì nǎ liǎng ge duì de bǐsài?

民浩 韩国队跟日本队的比赛。
Hánguó duì gēn Rìběn duì de bǐsài.

琳琳 买着票了吗？
Mǎi zháo piào le ma?

民浩 买着了，可是票价贵了一倍。
Mǎi zháo le, kěshì piàojià guì le yí bèi.

琳琳 比赛已经开始了。你猜一猜哪个队会赢。
Bǐsài yǐjīng kāishǐ le. Nǐ cāi yi cāi nǎ ge duì huì yíng.

民浩 当然是韩国队会赢了。啊！韩国运动员进球了。
Dāngrán shì Hánguó duì huì yíng le. À! Hánguó yùndòngyuán jìn qiú le.

琳琳 现在几比几？
Xiànzài jǐ bǐ jǐ?

民浩 二比一。韩国队反败为胜了。
Èr bǐ yī. Hánguó duì fǎn bài wéi shèng le.

OX 퀴즈

◎ 본문 내용과 일치하면 O, 틀리면 X를 하세요.

① 琳琳不太喜欢运动。　　　（　　）
　Línlin bú tài xǐhuan yùndòng.

② 韩国队赢了。　　　（　　）
　Hánguó duì yíng le.

어법 끝.장.내.기 语法

1 因为 A 所以 B

'A이기 때문에 그래서 B 하다'라는 뜻으로 인과 관계를 나타낸다. 이때, A는 원인이고 B는 결과이다.

因为天气不好，**所以**运动会取消了。
Yīnwèi tiānqì bù hǎo, suǒyǐ yùndònghuì qǔxiāo le.

因为要准备考试，**所以**我决定不去旅行了。
Yīnwèi yào zhǔnbèi kǎoshì, suǒyǐ wǒ juédìng bú qù lǚxíng le.

*运动会 yùndònghuì 체육 대회
*取消 qǔxiāo 취소하다
*准备 zhǔnbèi 준비하다, 준비
*决定 juédìng 결정하다

◎ 다음 문장의 우리말 뜻을 써보세요.

① 因为运动不够，所以胖了点儿。 _____.
　　Yīnwèi yùndòng bú gòu, suǒyǐ pàng le diǎnr.

② 因为天气不好，所以我不去公园了。 _____.
　　Yīnwèi tiānqì bù hǎo, suǒyǐ wǒ bú qù gōngyuán le.

2 연동문

한 문장 안에서 2개 이상의 동사나 동사구가 연이어 나와 술어를 이루는 형태의 문장을 '연동문'이라고 한다.

孩子们去玩儿。
Háizimen qù wánr.

他打开电脑上网聊天儿。
Tā dǎkāi diànnǎo shàngwǎng liáotiānr.

*玩儿 wánr 놀다
*打开 dǎkāi 열다,
　(스위치 따위를) 켜다, 틀다

◎ 다음 우리말을 괄호 안의 단어를 사용해서 '연동문'의 형태로 만들어 보세요.

① 우리 같이 골프 치러 가요. (去 qù, 打高尔夫球 dǎ gāo'ěrfūqiú)
　_____。

② 나는 버스를 타고 학교에 가요. (坐 zuò, 上学 shàngxué)
　_____。

3 결과보어 着

결과보어는 동작이 진행된 후의 결과가 어떠한지 보충 설명하는 것이다. 결과보어에 '着 zháo'가 쓰일 경우에는 동작의 목적이 달성되었음을 나타낸다. 부정형은 술어 앞에 '没'를 써서 동작이 완전히 이루어지지 못했음을 표현한다.

她躺在床上就睡着了。
Tā tǎng zài chuáng shang jiù shuì zháo le.

飞机票没找着，怎么办？
Fēijī piào méi zhǎo zháo, zěnme bàn?

*躺 tǎng (드러)눕다
*睡 shuì (잠을) 자다

◎ 다음 문장에서 '着'가 들어갈 알맞은 위치를 골라 보세요.

① 买 A 了, B 可是 C 票价 D 贵了一倍。
　 Mǎi　 le,　　 kěshì　　piàojià　 guì le yí bèi.

② 手机 A 还 B 没 C 找 D 。
　 Shǒujī　 hái　 méi　 zhǎo

중국도 몸짱 열풍, 型男

우리나라 전역에서 몸짱 만들기 열풍이 불어 헬스클럽마다 손님이 넘쳐 나듯이, 중국에서도 건강하고 아름다운 몸매를 만들기 위해 열심히 운동하는 사람들이 많다고 합니다.

중국에는 우리가 흔히 말하는 '몸짱'의 개념을 가진 단어는 없습니다. 하지만 몸짱과 유사한 뜻으로 사용되는 단어가 바로 '型男'입니다. '型男'은 몸매가 좋은 남성을 가리킬 뿐만 아니라, 개성이 강하고 자신만의 주관이 뚜렷한 남성을 지칭하기도 합니다. 그래서 '都会美型男'이라고 하면 패션에 민감하고 외모에 관심이 많은 '메트로섹슈얼(metrosexual)'을 나타냅니다.

*型男 xíngnán 매력적인 남성을 지칭하는 말
*都会美型男 dūhuì měixíngnán 메트로섹슈얼

끝장 마무리 练习

1 다음 단어나 표현을 넣고 대화 연습을 해보세요.

❶ A: 最近我胖了三公斤，怎么办？
   B: 因为 运动不够，所以胖了点儿。
       吃得太多
       常吃夜宵
       受到很多压力

夜宵 yèxiāo 야식, 밤참
压力 yālì 스트레스

❷ A: 我从上个月就开始学 打高尔夫球 了。
                        滑板
                        攀岩
   B: 我觉得 打高尔夫球 没意思。
              滑板
              攀岩

滑板 huábǎn 스케이트보드, 보드 타기
攀岩 pānyán 암벽 등반, 암벽 타기

❸ A: 现在几比几？
   B: 二比一。韩国队反败为胜了。
       三比零。我们队赢了。
       四比二。他们队输了。
       一比一。两队打平了。

输 shū 지다, 패하다
打平 dǎpíng 비기다, 무승부

2 그림을 보고 문장을 완성한 후 대화 연습을 해보세요.

A：你 ❶_____哪个队赢。

B：当然是韩国队 ❷_____赢了。

A：现在几 ❸_____几？

B：二比一。韩国队 ❹_____了。

3 우리말 뜻에 맞게 문장을 완성하세요.

❶ 나랑 같이 배워요!

➡ 你跟我_____学吧！

❷ 표를 샀나요?

➡ 买_____票了吗？

❸ 경기가 이미 시작됐어요.

➡ 比赛_____开始了。

종합테스트 考试

1 녹음을 듣고 대화 내용에 알맞은 그림을 고르세요. MP3 046

ⓐ    ⓑ

ⓒ    ⓓ

❶ _____   ❷ _____   ❸ _____

2 주어진 단어가 들어갈 알맞은 위치를 고르세요.

❶ 因为

　A 运动　B 不够，　C 所以　D 胖了点儿。
　　yùndòng　bú gòu,　　suǒyǐ　　pàng le diǎnr.

❷ 又

　A 她　B 既　C 谦虚，　D 温柔。
　　tā　　jì　　qiānxū,　　wēnróu.

❸ 如果

　A 您　B 有会员卡，　C 就可以　D 打折。
　　nín　　yǒu huìyuánkǎ,　　jiù kěyǐ　　dǎ zhé.

3 주어진 단어를 알맞게 배열하여 다음 대화를 완성해 보세요.

❶ 把 / 一下 / 礼物 / 包装
bǎ / yíxià / lǐwù / bāozhuāng

A: 她穿多大号的？
Tā chuān duō dà hào de?

B: 38号的。请_____。
Sānshíbā hào de. Qǐng

❷ 挺 / 月亮 / 圆圆的 / 月饼 / 像
tǐng / yuèliang / yuányuán de / yuèbing / xiàng

A: 中国人过中秋节的时候要吃月饼。
Zhōngguó rén guò Zhōngqiūjié de shíhou yào chī yuèbing.

B: _____。

4 우리말 뜻에 맞게 빈칸을 채워보세요.

❶ 제가 보기에는 세트로 주문하시는 게 더 나을 것 같아요.

我看，您还_____点套餐。
Wǒ kàn, nín hái diǎn tàocān.

❷ 오늘이 무슨 날인지 아세요?

你_____今天是什么日子？
Nǐ jīntiān shì shénme rìzi?

5 다음 우리말을 중국어로 바꿔 보세요.

❶ 그녀는 어떻게 생겼나요?   _____?

❷ 지금 몇 대 몇인가요?   _____?

종합테스트

6 그림을 보고 상황에 맞게 대화를 나눠보세요.

❶
A : _____
B : _____

❷
A : _____
B : _____

7 제시된 우리말에 해당하는 중국어 문장을 아래의 퍼즐 판에서 찾아보세요.

		她			今		
	我	长		你		天	请
		免	你	得	咖	啡	是	在
他		贵	付	满	还	好	什	这
		姓	钱	它	意	可	么	儿
		金	为	什	么	呢	以	签
你	是	好	味	道	怎	么	样	名
看	我	把	它	丢	了	能		
		她				月	饼	
		们						

> 예) 제 성씨는 김입니다.
> 1. 제가 그걸 잃어버렸어요.
> 2. 여기에 서명해 주세요.
> 3. 맛은 어때요?
> 4. 그녀는 수수하게 생겼어요.

11

今天我请你到我家吃饭。

오늘 당신을 우리 집에 초대해서 식사 대접을 하려고요.

 중국의 식사 문화에는 어떤 특징이 있나요?

　중국 사람들은 음식을 귀하게 생각하여, 식사를 함께 하는 것에 큰 의미를 둡니다. 중국 사람들이 식사 초대를 한다는 것은 상대방에게 마음을 열 준비가 되어 있다는 것이나 마찬가지 입니다. 예전에는 이웃 간의 인사가 "식사하셨어요? (吃饭了吗？)"일 정도로 중국 사람들은 식사를 중요시 여겼고, 이것은 하나의 문화이자 인간관계로 자리잡고 있습니다.

　중국 사람들은 식사할 때 문에서 가장 먼 자리, 즉 문을 마주 보는 자리를 상석으로 여겨 가장 윗사람을 그곳에 앉게 합니다. 그리고 식사는 우리나라처럼 모든 음식을 한 상에 차려서 먹는 것이 아니라 코스로 주문해서 먹습니다. 일반적으로 차가운 요리(冷菜), 따뜻한 요리(热菜), 주식(밥, 면 혹은 만두) 순으로 먹고, 귀한 손님일 경우 생선 요리를 꼭 대접한다고 합니다.

今天我请你到我家吃饭。
Jīntiān wǒ qǐng nǐ dào wǒ jiā chī fàn.

■ 이번 과에서 배울 주요 표현을 살펴보세요.

今天我请你到我家吃饭。
오늘 당신을 우리 집에 초대해서 식사 대접을 하려고요.

请你发短信告诉我你家的地址。
문자 메시지로 당신 집 주소를 알려주세요.

这是地地道道的川菜。
이건 정통 쓰촨 요리에요.

이 과의 어법

겸어문
算是
형용사의 중첩

☐	晚上	wǎnshang	저녁
☐	安排	ānpái	안배하다, 일을 처리하다
☐	请	qǐng	초대하다, 대접하다
☐	吃饭	chī fàn	밥을 먹다
☐	算是	suànshì	~인 셈이다, ~으로 간주하다
☐	派对	pàiduì	파티
☐	邀请	yāoqǐng	초대하다, 초청하다
☐	开	kāi	시작하다
☐	地址	dìzhǐ	주소
☐	AA制	AA zhì	더치페이 하다
☐	人情	rénqíng	인정, 인심
☐	挑食	tiāoshí	편식하다
☐	地道	dìdao	정통의, 전형적인
☐	川菜	chuāncài	쓰촨(사천) 요리
☐	跳水蛙	tiàoshuǐwā	타오수이와(개구리 고기에 매운 고추를 넣고 만든 쓰촨 요리)
☐	好	hǎo	형용사나 동사 앞에 쓰여 정도가 심함을 나타냄
☐	香	xiāng	맛있다, 향기롭다
☐	肉	ròu	고기
☐	青蛙	qīngwā	개구리
☐	咦	yí	어? 응?(놀람과 이상함을 나타냄)

회화 끝.장.내.기 会话

■ 집에 초대를 받았을 때

唐薇 民浩，今天晚上你有什么安排吗？
Mínhào, jīntiān wǎnshang nǐ yǒu shénme ānpái ma?

民浩 没有什么特别的安排。有什么事儿？
Méiyǒu shénme tèbié de ānpái. Yǒu shénme shìr?

唐薇 今天我请你到我家吃饭。这算是我的生日派对。
Jīntiān wǒ qǐng nǐ dào wǒ jiā chī fàn. Zhè suànshì wǒ de shēngrì pàiduì.

民浩 是吗？谢谢你的邀请。几点开呢？
Shì ma? Xièxie nǐ de yāoqǐng. Jǐ diǎn kāi ne?

唐薇 晚上七点开。
Wǎnshang qī diǎn kāi.

民浩 请你发短信告诉我你家的地址。
Qǐng nǐ fā duǎnxìn gàosu wǒ nǐ jiā de dìzhǐ.

Plus 학습

◎ 중국의 8대 요리

川菜 chuāncài 쓰촨(四川) 요리
鲁菜 lǔcài 산둥(山东) 요리
湘菜 xiāngcài 후난(湖南) 요리
徽菜 huīcài 안후이(安徽) 요리

浙菜 zhècài 저장(浙江) 요리
苏菜 sūcài 장수(江苏) 요리
粤菜 yuècài 광둥(广东) 요리
闽菜 mǐncài 푸젠(福建) 요리

■ 식사 대접을 받을 때

琳琳　今天我来请客。
　　　Jīntiān wǒ lái qǐng kè.

民浩　你说什么呀！我们AA制吧！
　　　Nǐ shuō shénme ya! Wǒmen AA zhì ba!

琳琳　那不是太没人情了吗？想吃什么就点什么吧。
　　　Nà bú shì tài méi rénqíng le ma? Xiǎng chī shénme jiù diǎn shénme ba.

民浩　我什么菜都喜欢吃。不挑食。
　　　Wǒ shénme cài dōu xǐhuan chī. Bù tiāoshí.

琳琳　你尝尝这个吧！这是地地道道的川菜，
　　　Nǐ chángchang zhè ge ba! Zhè shì dìdi dàodào de chuāncài,

　　　叫"跳水蛙"。
　　　jiào "tiàoshuǐwā".

民浩　味道好香啊！这是用什么肉做的？
　　　Wèidào hǎo xiāng a!　Zhè shì yòng shénme ròu zuò de?

琳琳　用青蛙做的。
　　　Yòng qīngwā zuò de.

民浩　咦？
　　　Yí?

OX 퀴즈

◎ 본문 내용과 일치하면 O, 틀리면 X를 하세요.

① 民浩知道唐薇家的地址。　　　（　　）
　　Mínhào zhīdao Táng Wēi jiā de dìzhǐ.

② 他们吃的菜就是四川菜。　　　（　　）
　　Tāmen chī de cài jiù shì sìchuān cài.

어법 끝.장.내.기 语法

1 겸어문

한 문장에 동사가 두 개 이상이며 앞쪽에 나오는 동사의 목적어가 뒷쪽에 나오는 동사의 주어 역할을 할 때 겸어문이라고 한다.

我　　　请　　　你　　　吃饭。
주어 ＋ 동사① ＋ 목적어 ＋ 동사②
　　　　　　　(동사①의 목적어/동사②의 주어)

老师让他再读一遍课文。
Lǎoshī ràng tā zài dú yí biàn kèwén.

公司决定派你去中国出差。
Gōngsī juédìng pài nǐ qù Zhōngguó chūchāi.

TIP
겸어문에는 주로 사역동사인 '叫, 请, 让, 使, 派' 등이 쓰입니다.

*课文 kèwén 본문
*派 pài 파견하다
*出差 chūchāi 출장 가다

2 算是

'~인 셈이다, ~으로 간주하다'라는 뜻으로 마지못해 억지로 하는 의미가 내포되어 있다. 뒤에 명사, 동사, 형용사구를 목적어나 보어로 취한다.

小王算是一个好人。
Xiǎo Wáng suànshì yí ge hǎo rén.

今天算是我请客，大家都不要客气。
Jīntiān suànshì wǒ qǐng kè, dàjiā dōu bú yào kèqi.

*大家 dàjiā 모두

◎ 주어진 단어를 우리말 뜻에 맞게 배열해 보세요.

① 이건 내 생일 파티인 셈이에요.
(算是 suànshì / 这 zhè / 生日派对 shēngrì pàiduì / 我的 wǒ de)
_____。

② 그는 착한 학생이라고 할 수 있어요.
(好 hǎo / 算是 suànshì / 他 tā / 一个 yí ge / 学生 xuésheng)
_____。

3 형용사의 중첩

형용사를 반복해서 사용하는 것은 형용사의 성질과 상태에 대한 정도를 강조하는 것으로, 정도부사 '很'과 같은 의미이다.

- 단음절 형용사
  AA형
  他高高的，瘦瘦的。
  Tā gāogāo de, shòushòu de.

- 이음절 형용사
  AABB형
  她有一双漂漂亮亮的大眼睛。
  Tā yǒu yì shuāng piàopiao liàngliàng de dà yǎnjing.
  学生们正在认认真真地听课。
  Xuéshengmen zhèngzài rènren zhēnzhēn de tīng kè.

  ABAB형(사물을 묘사하는 일부 형용사에 주로 쓰이는 형태)
  这件衬衫雪白雪白的。
  Zhè jiàn chènshān xuěbái xuěbái de.

> **TIP**
> *형용사의 중첩은 '매우, 상당하다'라는 의미가 내포되어 있으므로 다른 정도부사를 쓸 수 없습니다.
> *형용사의 중첩 형태가 명사를 수식할 경우에는 '的'를 쓰고, 동사를 수식할 경우에는 '地'를 씁니다.
>
> *认真 rènzhēn 진지하다, 착실하다
> *听课 tīng kè 수업을 듣다
> *雪白 xuěbái 새하얗다, 눈처럼 희다

중국식 잔반 남기지 않기 운동, 光盘行动

중국인들은 체면을 중시하는 문화 때문에 손님을 초대할 때 음식을 지나치게 많이 준비하는 경향이 있습니다. 게다가 손님이 준비한 음식을 다 먹기라도 하면 음식이 부족했다고 여깁니다. 때문에 중국에서는 음식을 적당히 남기는 것이 매너라는 인식이 자리 잡고 있습니다.

이로 인해 돈과 인력이 낭비되고 음식물 쓰레기가 늘어나면서 점차 사회적인 문제로 대두되기 시작하자, 중국 정부는 '光盘行动' 실시하였습니다. '光盘'은 '쟁반(그릇)을 비우다'라는 뜻으로, 적당량의 음식을 만들고 남은 음식을 포장해 가는 등 음식물 쓰레기를 줄이자는 의미입니다. 우리나라의 '잔반 줄이기 캠페인'과 같은 운동이라고 할 수 있습니다.

*光盘行动 guāngpán xíngdòng 빈 그릇 운동(음식 남기지 않기 캠페인)

끝장 마무리 练习

1 다음 단어나 표현을 넣고 대화 연습을 해보세요.

❶ A: 有什么事儿?
　 B: 我请你 到我家吃饭。
　　　　　　 到我家玩儿
　　　　　　 喝酒
　　　　　　 帮忙

❷ A: 这是地地道道的 川菜。
　　　　　　　　　　 京菜
　　　　　　　　　　 鲁菜
　　　　　　　　　　 粤菜

　 B: 味道好香啊!

京菜 jīngcài 베이징 요리

❸ A: 这是用什么肉做的?
　 B: 用 青蛙 做的。
　　　　 牛肉
　　　　 猪肉
　　　　 羊肉

牛肉 niúròu 소고기
猪肉 zhūròu 돼지고기
羊肉 yángròu 양고기

2 그림을 보고 문장을 완성한 후 대화 연습을 해보세요.

A：今天我 ❶_____你到我家吃饭。

B：谢谢你的 ❷_____。几点开呢？

A：晚上 ❸_____开。

B：请你发短信 ❹_____我你家的地址。

3 우리말 뜻에 맞게 문장을 완성하세요.

❶ 내 생일 파티인 셈이에요.

➡ 这_____是我的生日派对。

❷ 오늘은 제가 한턱 낼게요.

➡ 今天我来_____。

❸ 먹고 싶은 것을 마음대로 시켜요.

➡ 想吃什么就_____什么吧。

新HSK 모의고사 2급

一、听力
第一部分

第 1-10 题

例如:		✓	5.		
		×	6.		
1.			7.		
2.			8.		
3.			9.		
4.			10.		

*정답 및 해설은 231쪽에서 확인하세요.

12

我希望你早日恢复健康!
당신이 하루빨리 건강해지기를 바라요!

 중국 친구에게 선물할 때 주의할 점이 있나요?

중국의 성어(成语) 중에 '예경정의중(礼轻情意重)' 이라는 말이 있습니다. '예는 가볍지만, 정은 두텁다'라는 뜻으로 비록 소소한 선물일지라도 정성이 들어간 선물이 가장 좋다는 뜻입니다. 이처럼 중국인 친구에게 마음을 전할 때 작은 선물을 준비하는 것도 좋은 방법입니다. 하지만 중국 사람들에게 선물할 때 피해야 할 것들이 있습니다. 특히 병문안을 갈 때는 더욱 주의해야 합니다.

병문안을 갈 때 과일 선물을 하려면 배는 절대 가져가서는 안 됩니다. 왜냐하면 중국어로 '배'는 '리(梨)'라고 발음하는데, 이 발음이 이별을 뜻하는 '리(离)'와 발음이 같기 때문입니다. 병문안 선물로 과일을 준비할 경우에는 차라리 사과가 좋습니다. 사과의 중국어 발음인 '핑궈(苹果)'가 '평안하다'라는 뜻의 '핑안(平安)'과 발음이 비슷하기 때문입니다.

12 我希望你早日恢复健康！
Wǒ xīwàng nǐ zǎorì huīfù jiànkāng!

■ 이번 과에서 배울 주요 표현을 살펴보세요.

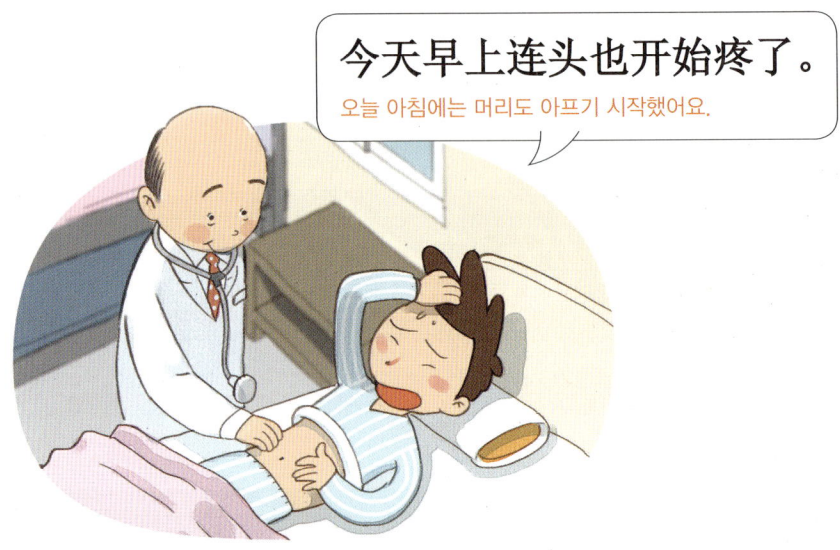

今天早上连头也开始疼了。
오늘 아침에는 머리도 아프기 시작했어요.

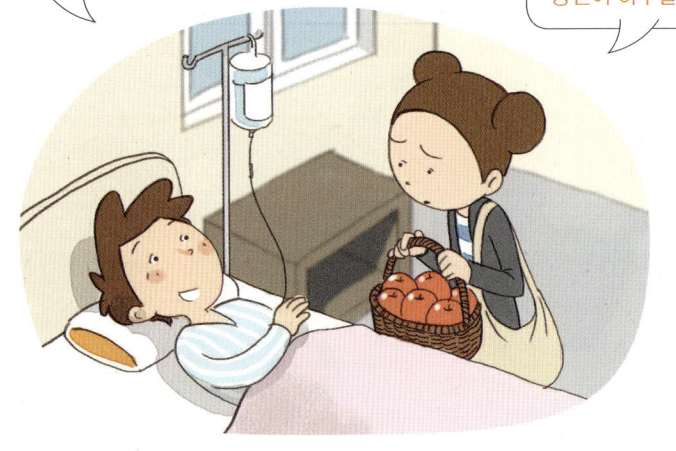

这只不过是小病罢了。
이건 작은 병일 뿐이에요.

我希望你早日恢复健康！
당신이 하루빨리 건강해지기를 바라요!

이 과의 어법

\# 连~也

\# 越来越

\# 只不过~ 罢了

☐	病情	bìngqíng	병세, 병의 증상
☐	肚子	dùzi	배, 복부
☐	疼	téng	아프다
☐	连~也	lián ~ yě	~까지도, ~조차도
☐	摸	mō	(손으로) 짚어 보다, 어루만지다
☐	~的话	~ de huà	~하다면
☐	按	àn	(손이나 손가락으로) 누르다
☐	针	zhēn	바늘, 침
☐	扎	zhā	(뾰족한 것으로) 찌르다
☐	大夫	dàifu	의사
☐	得	dé	얻다, (병을) 앓다
☐	急性肠炎	jíxìng chángyán	급성 장염
☐	重	zhòng	(정도가) 심하다, 중하다, 무겁다
☐	一些	yìxiē	약간, 조금, 몇
☐	越来越	yuè lái yuè	갈수록, 점점
☐	胃口	wèikǒu	입맛, 식욕
☐	以前	yǐqián	이전
☐	只不过~罢了	zhǐ búguò ~ bàle	단지 ~일 뿐이다
☐	出院	chū yuàn	퇴원하다
☐	休息	xiūxi	쉬다
☐	希望	xīwàng	바라다, 희망
☐	早日	zǎorì	빨리, 곧
☐	恢复	huīfù	회복하다(되다)
☐	健康	jiànkāng	건강하다, 건강
☐	关心	guānxīn	관심을 두다

회화 끝.장.내.기 会话

■ 진찰받을 때

大夫 你哪儿不舒服？请说一下你的病情。
Nǐ nǎr bù shūfu? Qǐng shuō yíxià nǐ de bìngqíng.

民浩 我从前几天一直肚子疼，今天早上连
Wǒ cóng qián jǐ tiān yìzhí dùzi téng, jīntiān zǎoshang lián

头也开始疼了。
tóu yě kāishǐ téng le.

大夫 我来看一下。摸这儿的话疼吗？
Wǒ lái kàn yíxià. Mō zhèr de huà téng ma?

民浩 按的时候像针扎一样疼。大夫，我得了什么病？
Àn de shíhou xiàng zhēn zhā yíyàng téng. Dàifu, wǒ dé le shénme bìng?

大夫 你得了急性肠炎。
Nǐ dé le jíxìng chángyán.

民浩 是不是很重？
Shì bu shì hěn zhòng?

大夫 别担心！你住几天院，病会好得快一些。
Bié dānxīn! Nǐ zhù jǐ tiān yuàn, bìng huì hǎo de kuài yìxiē.

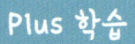

◎ 병 관련

肝癌 gān'ái 간암　　　　　内科 nèikē 내과
胃炎 wèiyán 위염　　　　　外科 wàikē 외과
盲肠炎 mángchángyán 맹장염　　皮肤科 pífūkē 피부과
心脏病 xīnzàngbìng 심장병　　耳鼻喉科 ěrbíhóukē 이비인후과

■ 병문안 할 때

琳琳 你身体怎么样了?
Nǐ shēntǐ zěnmeyàng le?

民浩 越来越好了。
Yuè lái yuè hǎo le.

琳琳 你的胃口怎么样?
Nǐ de wèikǒu zěnmeyàng?

民浩 不如以前好,什么也不想吃。
Bùrú yǐqián hǎo, shénme yě bù xiǎng chī.

琳琳 你得住几天院?
Nǐ děi zhù jǐ tiān yuàn?

民浩 这只不过是小病罢了,两三天后就可以出院了。
Zhè zhǐ búguò shì xiǎobìng bàle, liǎng sān tiān hòu jiù kěyǐ chū yuàn le.

琳琳 你好好儿休息吧。我希望你早日恢复健康!
Nǐ hǎohāor xiūxi ba. Wǒ xīwàng nǐ zǎorì huīfù jiànkāng!

民浩 谢谢你的关心。
Xièxie nǐ de guānxīn.

OX 퀴즈

◎ 본문 내용과 일치하면 O, 틀리면 X를 하세요.

① 民浩的病很重。 (　　)
Mínhào de bìng hěn zhòng.

② 民浩的胃口越来越好了。 (　　)
Mínhào de wèikǒu yuè lái yuè hǎo le.

어법 끝.장.내.기 语法

1 连~也

'~까지도, ~조차도'라는 뜻으로 비교적 특수한 상황을 강조할 때 사용한다. '连'은 '也' 이외에도 '都'나 '还'와 호응하여 쓰기도 한다.

他连饭也没吃就走了。
Tā lián fàn yě méi chī jiù zǒu le.

我最近很忙，连周末都没时间休息。
Wǒ zuìjìn hěn máng, lián zhōumò dōu méi shíjiān xiūxi.

TIP '连' 앞에 '심지어'란 뜻의 '甚至(shènzhì)'를 붙이면 어기를 더욱 강조할 수 있습니다.

◎ 다음 문장에서 '连'이 들어갈 알맞은 위치를 고르세요.

① 今天　A　头　B　也　C　开始　D　疼了。
　　Jīntiān　　tóu　　yě　　kāishǐ　　téng le.

② 他工作　A　很忙，B　吃饭　C　都　D　没有时间。
　　Tā gōngzuò　hěn máng,　chī fàn　dōu　méiyǒu shíjiān.

2 越来越

'갈수록, 점점'이라는 뜻으로 시간이 지남에 따라 정도가 증가하거나 발전함을 나타낸다.

- 주어 앞에 쓰일 수 없다.
  天气越来越热。(O)
  Tiānqì yuè lái yuè rè.

  越来越天气热。(X)
  Yuè lái yuè tiānqì rè.

- 정도부사와 함께 사용할 수 없다.
  他汉语说得越来越流利了。(O)
  Tā Hànyǔ shuō de yuè lái yuè liúlì le.

  他汉语说得越来越很流利。(X)
  Tā Hànyǔ shuō de yuè lái yuè hěn liúlì.

*流利 liúlì 유창하다

3 只不过~罢了

'단지 ~일 뿐이다'라는 뜻으로 어떠한 의도나 행동의 범위를 좁혀주는 역할을 한다. '不过~罢了'나 '只是~而已'로 대체해서 사용할 수 있다.

只不过运气不好**罢了**。
Zhǐ búguò yùnqi bù hǎo bàle.

我**只是**随便说说**而已**。
Wǒ zhǐshì suíbiàn shuōshuo éryǐ.

*运气 yùnqi 운, 운세

◎ 다음 문장의 우리말 뜻을 써보세요.

① 这只不过是小病罢了。　　_____.
　　Zhè zhǐ búguò shì xiǎobìng bàle.

② 我只是看看而已。　　　　_____.
　　Wǒ zhǐshì kànkan éryǐ.

현대인의 병, 三手病

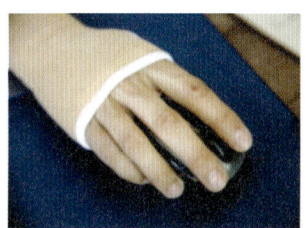

　현대인에게 컴퓨터나 휴대폰은 없어서는 안 될 중요한 필수품입니다. 잠시라도 이런 물건들을 사용하지 못하게 되면 불안 증세를 보이는 사람까지 나타나고 있습니다. 컴퓨터와 휴대폰의 과도한 사용으로 인해 예전에는 볼 수 없었던 신종 병이 생겨났는데, 이것이 바로 '三手病'입니다. '三手病'은 '游戏手', '鼠标手', '手机手'을 통칭하며, 의학적 용어로는 '손가락(손목) 건초염'이라고 합니다. 장시간동안 게임을 하거나 휴대폰을 사용하면 손목이나 손가락에 무리가 가게 되는데, 이로 인해 생긴 현대인의 병이라고 할 수 있습니다. 아무리 편리하고 좋은 물건이라도 과도한 사용은 병을 초래할 수 있으니 조심해야겠죠?

*三手病 sānshǒubìng 게임, 마우스, 휴대폰 등의 과도한 사용으로 인해 손목이나 손가락에 생긴 병
*游戏 yóuxì 게임, 놀이, 놀다　　*鼠标 shǔbiāo 마우스

끝장 마무리 练习

1 다음 단어나 표현을 넣고 대화 연습을 해보세요.

① A: 请说一下您的病情。
　 B: 我从前几天一直 肚子疼。
　　　　　　　　　　头疼
　　　　　　　　　　牙疼
　　　　　　　　　　嗓子疼

牙疼 yá téng
이가 아프다, 치통
嗓子疼 sǎngzi téng
목구멍이 아프다

② A: 大夫，我得了什么病？
　 B: 你得了 急性肠炎。
　　　　　　 眼病
　　　　　　 皮肤病
　　　　　　 相思病

眼病 yǎnbìng 눈병
皮肤病 pífūbìng 피부병
相思病 xiāngsībìng
상사병

③ A: 我希望你早日 恢复健康！
　　　　　　　　　出院
　　　　　　　　　痊愈
　　　　　　　　　成功
　 B: 谢谢你的关心。

痊愈 quányù
병이 낫다, 완쾌되다

2 그림을 보고 문장을 완성한 후 대화 연습을 해보세요.

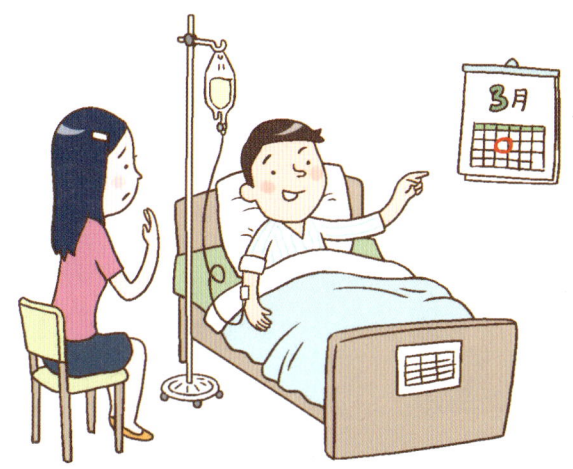

A：你的 ❶_____怎么样？

B：❷_____以前好，什么也不想吃。

A：你 ❸_____住几天院？

B：两三天后就可以 ❹_____了。

3 우리말 뜻에 맞게 문장을 완성하세요.

❶ 어디가 불편하세요?
  ➡ 您哪儿不_____？

❷ 누를 때 바늘로 찌르는 것처럼 아파요.
  ➡ 按_____像针扎一样疼。

❸ 푹 쉬세요.
  ➡ 你_____休息吧。

2급

一、听力

第二部分

第 11-15 题   第 16-20 题

A    B    A    B

C    D    C    D

E 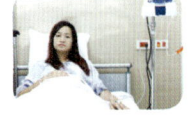   F    E

例如：女： Nǐ xǐhuan shénme yùndòng?
　　　　你喜欢什么运动？

　　　男： Wǒ zuì xǐhuan tī zúqiú.
　　　　我最喜欢踢足球。   D

11. ☐   16. ☐
12. ☐   17. ☐
13. ☐   18. ☐
14. ☐   19. ☐
15. ☐   20. ☐

*정답 및 해설은 233쪽에서 확인하세요.

13

趁着假期，咱们去旅游吧！
휴가 기간을 이용해서 우리 여행가요!

 중국에는 정말 침대 기차가 있나요?

광활한 면적의 중국을 여행할 때, 기차는 가장 편리하고 안전한 대중교통 수단입니다. 중국 철도의 길이를 모두 합치면 지구 한 바퀴를 돌고도 남을 정도로, 중국의 철도는 각 지역을 잘 연결하고 있습니다. 때문에 중국의 주요 이동 수단으로 많은 사람들이 기차를 이용합니다.

중국의 기차역은 엄청난 규모와 인파로 인해 처음 방문하는 사람은 헤맬 수 있으니 주의해야 합니다.

장거리 여행을 할 때는 침대 기차를 이용하면 좋습니다. '잉워(硬卧)'라고 불리는 일반 침대칸은 6인 1실의 개방형 구조이고, '롼워(软卧)'라고 불리는 고급 침대칸은 4인 1실의 밀폐형 구조입니다. '잉워'의 침대는 가장 위쪽에 있는 상푸(上铺), 가운데 있는 중푸(中铺), 아래쪽에 있는 샤푸(下铺)로 나누어집니다. 요금은 위쪽 침대가 가장 저렴하고 아래로 갈수록 비싸집니다.

趁着假期，咱们去旅游吧！
Chènzhe jiàqī, zánmen qù lǚyóu ba!

■ 이번 과에서 배울 주요 표현을 살펴보세요.

이 과의 어법

\# 개사 趁, 为
\# 어림수 左右
\# 不但 A 而且 B

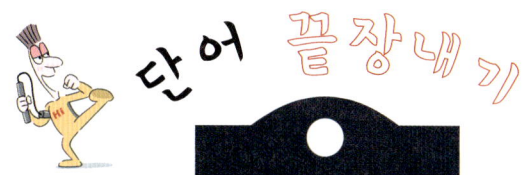

☐ 趁	chèn	~을 틈타, ~을 이용하여
☐ 旅游	lǚyóu	여행하다
☐ 为	wèi	~을 위하여
☐ 推荐	tuījiàn	추천하다
☐ 主意	zhǔyi	생각, 아이디어
☐ 经济	jīngjì	경제
☐ 中心	zhōngxīn	중심지, 중심
☐ 座	zuò	부피가 크거나 고정된 물체를 세는 단위
☐ 国家	guójiā	국가, 나라
☐ 历史	lìshǐ	역사
☐ 文化	wénhuà	문화
☐ 名城	míngchéng	유명한 도시
☐ 需要	xūyào	필요하다
☐ 小时	xiǎoshí	시간
☐ 左右	zuǒyòu	가량, 정도
☐ 那么	nàme	그렇게, 그러면
☐ 速度	sùdù	속도
☐ 高铁动车	gāotiě dòngchē	초고속열차
☐ 不但	búdàn	~뿐만 아니라
☐ 硬卧	yìngwò	일반 침대석
☐ 开往	kāiwǎng	(기차, 비행기, 배 등이) ~을 향하여 가다
☐ 卖	mài	팔다
☐ 光	guāng	하나도 남아 있지 않다, 빛나다
☐ 后天	hòutiān	모레
☐ 软卧	ruǎnwò	고급 침대석
☐ 上铺	shàngpù	(열차 침대칸의) 위쪽 침대
☐ 下铺	xiàpù	(열차 침대칸의) 아래쪽 침대
☐ 单程	dānchéng	편도
☐ 往返	wǎngfǎn	왕복

회화 끝.장.내.기 会话

■ 여행지를 추천할 때

民浩 趁着假期，咱们去旅游吧！
Chènzhe jiàqī, zánmen qù lǚyóu ba!

琳琳 我为你推荐一个地方。去上海怎么样？
Wǒ wèi nǐ tuījiàn yí ge dìfang. Qù Shànghǎi zěnmeyàng?

民浩 好主意！我听说上海是中国的经济中心。
Hǎo zhǔyi! Wǒ tīngshuō Shànghǎi shì Zhōngguó de jīngjì zhōngxīn.

琳琳 上海也是一座国家历史文化的名城。
Shànghǎi yě shì yí zuò guójiā lìshǐ wénhuà de míngchéng.

民浩 到上海要坐多长时间？
Dào Shànghǎi yào zuò duō cháng shíjiān?

琳琳 需要十二个小时左右。
Xūyào shí'èr ge xiǎoshí zuǒyòu.

民浩 要坐那么久啊。哪种车速度最快？
Yào zuò nàme jiǔ a. Nǎ zhǒng chē sùdù zuì kuài?

琳琳 高铁动车最快。高铁动车不但最快，而且很舒服。
Gāotiě dòngchē zuì kuài. Gāotiě dòngchē búdàn zuì kuài, érqiě hěn shūfu.

Plus 학습

◎ 중국의 기차 및 좌석 종류

动车 dòngchē 고속열차 　　软座 ruǎnzuò 고급 좌석
直达特快 zhídá tèkuài 직행 특급 열차 　硬座 yìngzuò 일반 좌석
特快 tèkuài 특급 열차 　　一等座 yīděngzuò 일등석
普快 pǔkuài 일반 열차 　　二等座 èrděngzuò 이등석

■ 기차표를 살 때

民浩　明天去上海的，买两张硬卧票。
　　　Míngtiān qù Shànghǎi de, mǎi liǎng zhāng yìngwò piào.

售票员　明天开往上海的火车票已经卖光了。
　　　　Míngtiān kāiwǎng Shànghǎi de huǒchē piào yǐjīng mài guāng le.

民浩　后天呢？
　　　Hòutiān ne?

售票员　后天有两张软卧票。
　　　　Hòutiān yǒu liǎng zhāng ruǎnwò piào.

民浩　上铺还是下铺？
　　　Shàngpù háishì xiàpù?

售票员　两张都是上铺的。您要单程票吗？
　　　　Liǎng zhāng dōu shì shàngpù de. Nín yào dānchéng piào ma?

民浩　我要往返的。
　　　Wǒ yào wǎngfǎn de.

OX 퀴즈

◎ 본문 내용과 일치하면 O, 틀리면 X를 하세요.

① 到上海需要十二个小时。　　　（　　）
　　Dào Shànghǎi xūyào shí'èr ge xiǎoshí.

② 后天开往上海的火车票已经卖光了。　（　　）
　　Hòutiān kāiwǎng Shànghǎi de huǒchē piào yǐjīng mài guāng le.

어법 끝.장.내.기 语法

1 개사 趁, 为

'趁'은 어떤 시기나 조건을 이용하여 뒤에서 말하는 동작이나 행위를 실현하게 함을 나타내고, 뒤에 '着'를 붙여 쓸 수 있다. '为'는 동작의 대상을 나타내거나 행위의 원인, 목적을 나타낸다.

- 趁

请趁热喝。
Qǐng chèn rè hē.

趁着课间休息的时候，我们出去玩儿。
Chènzhe kèjiān xiūxi de shíhou, wǒmen chūqu wánr.

- 为

我为大家唱一首歌。
Wǒ wèi dàjiā chàng yì shǒu gē.

为自己的成功尽心竭力。
Wèi zìjǐ de chénggōng jìnxīn jiélì.

*课间 kèjiān 수업과 수업 사이(의 짬)
*尽心竭力 jìnxīn jiélì 몸과 마음을 다하다, 일을 매우 열심히 하다

2 어림수 左右

'가량, 정도'라는 뜻으로 쓰여 대략의 수를 나타내고, 주로 수량사와 결합하여 쓰인다. '上下'도 '左右'와 같은 뜻으로 사용된다.

这条街长一千米左右。
Zhè tiáo jiē cháng yì qiān mǐ zuǒyòu.

王老师看上去有四十岁上下。
Wáng lǎoshī kàn shàngqu yǒu sìshí suì shàngxià.

TIP '上下'는 일반적으로 나이나 키 등에 쓰입니다.

*街 jiē 거리, 길
*看上去 kàn shàngqu 보아하니 ~하다

◎ 다음 문장의 우리말 뜻을 써보세요.

① 需要一个小时左右。　_____.
　Xūyào yí ge xiǎoshí zuǒyòu.

② 他的个子一米七上下。　_____.
　Tā de gèzi yì mǐ qī shàngxià.

3 不但 A 而且 B

'~뿐만 아니라 ~이기도 하다'라는 뜻으로 점층 관계를 나타낸다. 일반적으로 앞 절보다 뒤 절에서 한층 더 발전된 의미를 표현한다. '不但' 대신에 '不仅/不光/不只'를, '而且' 대신에 '并且/也' 등을 쓸 수 있다.

*不仅 bùjǐn ~뿐만 아니라
*并且 bìngqiě 게다가, 또
*政治 zhèngzhì 정치

他<u>不但</u>会说汉语，<u>而且</u>说得很流利。
Tā búdàn huì shuō Hànyǔ, érqiě shuō de hěn liúlì.

北京<u>不仅</u>是中国的政治经济中心，<u>而且</u>是中国的文化中心。
Běijīng bùjǐn shì Zhōngguó de zhèngzhì jīngjì zhōngxīn, érqiě shì Zhōngguó de wénhuà zhōngxīn.

◎ 다음 문장에서 괄호 안의 단어가 들어갈 알맞은 위치를 고르세요.

① 飞机　A　最快，　B　而且　C　很舒服　D　。(不但)
　　Fēijī　　zuì kuài,　　érqiě　　hěn shūfu

② 她　A　不仅　B　会说英语，　C　说得　D　很流利。(而且)
　Tā　　bùjǐn　　huì shuō Yīngyǔ,　　shuō de　　hěn liúlì

중국판 영화 '집으로', 人在囧途

「人在囧途」는 2010년도에 상영된 중국 코미디 영화입니다. 춘제(春节)에 두 남자가 우연히 만나 같은 목적지를 향해 가면서 겪게 되는 다양한 에피소드를 그려낸 일종의 로드 무비입니다. 이 영화 속에는 기차, 비행기, 배, 버스 등 중국의 다양한 교통수단이 등장합니다. 특히 춘제를 보내기 위해 기차로 민족 대이동을 하는 중국인들의 모습을 생생하게 볼 수 있습니다.

영화 제목에 들어간 '囧'이라는 글자는 원래 '冏'의 파생자로, 최근 인터넷상에서 글자의 형태가 우는 사람의 모습과 닮았다고 해서 우울하거나 난감한 상황을 표현할 때 자주 사용되고 있습니다. 우리나라 채팅 용어 중의 'ㅠㅠ'와 비슷한 의미라고 할 수 있습니다. 따라서 '人在囧途'를 우리말로 번역하자면 '우울한 여정'이라고 할 수 있습니다.

*囧 jiǒng 우울한, 난감한(인터넷 용어)
*冏 jiǒng 빛, 밝다
*途 tú 길, 경로

끝장 마무리 练习

1 다음 단어나 표현을 넣고 대화 연습을 해보세요.

① A: 趁着 假期，咱们去旅游吧！
　　　　暑假
　　　　寒假
　　　　长假
　B: 好主意！

暑假 shǔjià 여름 방학(휴가)
寒假 hánjià 겨울 방학(휴가)
长假 chángjià 장기 휴가, 연휴

② A: 到上海要坐 多长时间？
　　　我得等
　　　配送需要
　B: 需要 十二个小时 左右。
　　　　　半个小时
　　　　　两天

配送 pèisòng 배송하다

③ A: 明天去上海的，买两张硬卧票。
　B: 没有，卖光 了。
　　　　　卖完
　　　　　售完
　　　　　一个座位也没有

完 wán 다하다, 다 소모하다
售 shòu 팔다
座位 zuòwèi 좌석

2 그림을 보고 문장을 완성한 후 대화 연습을 해보세요.

A：到上海要坐 ❶_____？

B：需要十二个 ❷_____左右。

A：要坐那么 ❸_____啊。
哪种车速度最快？

B：高铁动车 ❹_____。

3 우리말 뜻에 맞게 문장을 완성하세요.

❶ 내가 당신을 위해서 한 곳을 추천할게요.

➡ 我_____你推荐一个地方。

❷ 상하이는 중국의 경제 중심지라고 들었어요.

➡ 我_____上海是中国的经济中心。

❸ 초고속열차는 가장 빠를 뿐만 아니라, 편안하기도 해요.

➡ 高铁动车_____最快，而且很舒服。

新HSK 모의고사 2급

一、听力
第三部分

第 21-30 题

		Xiǎo Wáng, zhèlǐ yǒu jǐ ge bēizi, nǎ ge shì nǐ de?		
例如：	男：	小王，这里有几个杯子，哪个是你的？		
		Zuǒbiān nà ge hóngsè de shì wǒ de.		
	女：	左边那个红色的是我的。		
		Xiǎo Wáng de bēizi shì shénme yánsè de?		
	问：	小王的杯子是什么颜色的？		
		hóngsè	hēisè	báisè
	A	红色 ✓ B 黑色		C 白色

		xuéxí		lǚyóu		kàn diànyǐng
21.	A	学习	B	旅游	C	看电影
		Shànghǎi		Běijīng		Xī'ān
22.	A	上海	B	北京	C	西安
		shí ge xiǎoshí		shí'èr ge xiǎoshí		èrshí ge xiǎoshí
23.	A	十个小时	B	十二个小时	C	二十个小时
		hěn yuǎn		bù yuǎn		bú tài yuǎn
24.	A	很远	B	不远	C	不太远
		fēijī		gōngjiāochē		huǒchē
25.	A	飞机	B	公交车	C	火车
		yǒu		méiyǒu		bù zhīdào
26.	A	有	B	没有	C	不知道
		huǒchē piào		diànyǐng piào		jīpiào
27.	A	火车票	B	电影票	C	机票
		dānchéng piào		wǎngfǎn piào		jiāotōngkǎ
28.	A	单程票	B	往返票	C	交通卡
		èrshí suì zuǒyòu		sānshí suì zuǒyòu		sìshí suì zuǒyòu
29.	A	二十岁左右	B	三十岁左右	C	四十岁左右
		hěn hǎo		bù hǎo		bú huì shuō
30.	A	很好	B	不好	C	不会说

*정답 및 해설은 234쪽에서 확인하세요.

14

这个不合我的口味。
이건 제 입맛에 맞지 않아요.

 중국에는 정말 특이한 음식이 많나요?

중국은 긴 역사만큼이나 음식 문화도 다양합니다. 우리나라에서는 보기 힘든 식재료나 조리법으로 만든 독특한 요리들이 많이 있습니다. '취두부(臭豆腐)'는 두부를 소금에 절여 오랫동안 삭힌 것으로, 냄새가 무척 고약해서 세계 7대 악취 음식에 뽑히기도 했지만 그 맛을 아는 사람들은 고소하면서도 깊은 풍미에 빠져 즐겨 먹는다고 합니다.

'피단(皮蛋)'은 오리알이나 달걀을 소금과 석회를 섞은 것에 두 달 이상 담가서 삭힌 음식입니다. 이렇게 삭히면 노른자는 까맣게 변하고 흰자는 젤리처럼 투명한 갈색으로 변하게 됩니다. 피단은 '쑹화단(松花蛋)'이라고도 부르는데, 흰자 위에 소나무 가지 모양의 꽃문양이 생긴다고 해서 붙여진 이름입니다. 잘 삭힌 피단은 담백한 맛과 쫄깃한 식감으로 미식가들이 특히 즐겨 먹는다고 합니다.

14 这个不合我的口味。
Zhè ge bù hé wǒ de kǒuwèi.

■ 이번 과에서 배울 주요 표현을 살펴보세요.

你怎么这么没有眼光啊。
당신은 어쩌면 이렇게 보는 눈이 없나요.

虽然闻起来好臭，但是吃起来好香。
냄새를 맡아 보면 역겹지만, 먹어 보면 정말 맛있어요.

这个不合我的口味。
이건 제 입맛에 맞지 않아요.

이 과의 어법
명량사/동량사
非~不可
虽然A, 但是B

☐ 繁华	fánhuá	번화하다
☐ 南京路	Nánjīnglù	난징루(상하이의 번화가)
☐ 周六	zhōuliù	토요일
☐ 动	dòng	움직이다, 행동하다
☐ 东西	dōngxi	물건
☐ 领带	lǐngdài	넥타이
☐ 土	tǔ	촌스럽다, 흙
☐ 眼光	yǎnguāng	안목, 식견
☐ 特价	tèjià	특가, 특별 할인 가격
☐ 货	huò	상품, 물품
☐ 饿	è	배고프다
☐ 路边	lùbiān	길가, 노변
☐ 小吃店	xiǎochīdiàn	간이 식당
☐ 对付	duìfu	대처하다, 대응하다
☐ 顿	dùn	끼(식사, 끼니를 세는 단위)
☐ 正好	zhènghǎo	마침
☐ 小吃街	xiǎochījiē	먹자골목
☐ 排队	páiduì	줄을 서다
☐ 小笼包	xiǎolóngbāo	샤오룽빠오(대나무 찜통에서 쪄낸 만두의 일종)
☐ 非~不可	fēi ~ bù kě	~하지 않으면 안된다, 꼭 ~해야 한다
☐ 味儿	wèir	냄새, 맛
☐ 难闻	nánwén	냄새가 고약하다
☐ 臭豆腐	chòudòufu	취두부(발효 두부)
☐ 虽然	suīrán	비록 ~하지만
☐ 闻	wén	냄새를 맡다
☐ 臭	chòu	(냄새가) 지독하다, 역겹다
☐ 合	hé	어울리다, 부합하다
☐ 口味	kǒuwèi	입맛, 구미
☐ 倒胃口	dǎowèikou	비위 상하다, 역겹다

회화 끝.장.내.기 会话

■ 물건을 고를 때

民浩 这就是上海最繁华的南京路。
Zhè jiù shì Shànghǎi zuì fánhuá de Nánjīnglù.

琳琳 今天是周六，人多得走不动。
Jīntiān shì zhōuliù, rén duō de zǒu bu dòng.

民浩 这儿什么东西都有。你看这条领带怎么样？
Zhèr shénme dōngxi dōu yǒu. Nǐ kàn zhè tiáo lǐngdài zěnmeyàng?

琳琳 什么呀！真土。你怎么这么没有眼光啊。
Shénme ya! Zhēn tǔ. Nǐ zěnme zhème méiyǒu yǎnguāng a.

民浩 这是今天的特价商品。真便宜！
Zhè shì jīntiān de tèjià shāngpǐn. Zhēn piányi!

琳琳 便宜没好货。
Piányi méi hǎo huò.

Plus 학습

◎ 쇼핑 및 음식 관련

降价品 jiàngjiàpǐn 할인 상품
畅销品 chàngxiāopǐn 인기 상품
清仓大甩卖 qīngcāng dà shuǎimài
창고 정리 바겐 세일

东坡肉 dōngpōròu 둥포러우(동파육)
大闸蟹 dàzháxiè 따쟈씨에(민물 게로 만든 요리)
醉鸡 zuìjī 쭈이지(삶은 닭을 술에 담가 만든 요리)

■ 입맛, 기호에 대해 말할 때

琳琳 我的肚子有点饿了。
Wǒ de dùzi yǒu diǎn è le.

民浩 到路边的小吃店对付一顿，怎么样？
Dào lùbiān de xiǎochīdiàn duìfu yí dùn, zěnmeyàng?

琳琳 正好对面就有小吃街。我们去尝尝吧！
Zhènghǎo duìmiàn jiù yǒu xiǎochījiē. Wǒmen qù chángchang ba!

民浩 那儿怎么这么多人在排队呢？
Nàr zěnme zhème duō rén zài páiduì ne?

琳琳 那儿是卖小笼包的。
Nàr shì mài xiǎolóngbāo de.

民浩 那我非吃不可。咦？这是什么味儿？太难闻了。
Nà wǒ fēi chī bù kě. Yí? Zhè shì shénme wèir? Tài nánwén le.

琳琳 这是臭豆腐。虽然闻起来好臭，但是吃起来好香。
Zhè shì chòudòufu. Suīrán wén qǐlai hǎo chòu, dànshì chī qǐlai hǎo xiāng.

民浩 这个不合我的口味。真倒胃口！
Zhè ge bù hé wǒ de kǒuwèi. Zhēn dǎowèikou!

OX 퀴즈

◎ 본문 내용과 일치하면 O, 틀리면 X를 하세요.

① 他们星期五去了南京路。　　　　（　　）
　Tāmen xīngqīwǔ qù le Nánjīnglù.

② 小笼包不合民浩的胃口。　　　　（　　）
　Xiǎolóngbāo bù hé Mínhào de wèikǒu.

어법 끝.장.내.기 语法

1 명량사(名量词) / 동량사(动量词)

'양사'는 수를 세는 단위를 나타내는 명사이다. 양사에는 사람이나 사물을 세는 '명량사'와 동작의 횟수를 세는 '동량사'가 있다.

- 명량사 条

  这儿附近有一条小河。
  Zhèr fùjìn yǒu yì tiáo xiǎo hé.

  我想买条珍珠项链。
  Wǒ xiǎng mǎi tiáo zhēnzhū xiàngliàn.

- 동량사 顿

  我中午在朋友那儿吃了顿饭。
  Wǒ zhōngwǔ zài péngyou nàr chī le dùn fàn.

  小金考试不及格，妈妈把他骂了一顿。
  Xiǎo Jīn kǎoshì bù jígé, māma bǎ tā mà le yí dùn.

TIP
* 条는 가늘고 긴 사물을 셀 때 쓰이는 양사입니다.
* '顿'은 식사나 끼니를 세는 양사로 쓰이지만, 비난, 힐책, 욕 등의 행위를 셀 때도 쓰입니다.

* 河 hé 강, 하천
* 珍珠 zhēnzhū 진주
* 项链 xiàngliàn 목걸이
* 不及格 bù jígé (시험에) 불합격하다
* 骂 mà 꾸짖다, 욕하다

2 非~不可

한 문장 안에 2개의 부정사를 사용한 것을 '이중 부정문'이라고 하고, 이는 '一定'보다 강한 어기를 나타낸다. '不可' 대신에 '不行/不成'을 사용할 수 있다.

今天的会议很重要，非参加不可。
Jīntiān de huìyì hěn zhòngyào, fēi cānjiā bù kě.

要解决这个问题非他不可。
Yào jiějué zhè ge wèntí fēi tā bù kě.

* 重要 zhòngyào 중요하다
* 解决 jiějué 해결하다

◎ 주어진 단어를 우리말 뜻에 맞게 배열해 보세요.

① 그럼 내가 안 먹어 볼 수 없겠네요. (我 wǒ / 那 nà / 非 fēi / 不可 bù kě / 吃 chī)
   _____。

② 이번 시험은 아주 중요하니, 모두 참가하지 않으면 안 된다.
   (参加 cānjiā / 非 fēi / 每个人 měi ge rén / 不可 bù kě)
   这次考试很重要，_____。
   Zhè cì kǎoshì hěn zhòngyào,

3 虽然A, 但是B

'비록 A이지만, (그러나) B이다'라는 뜻으로, 앞 절과 뒤 절의 뜻이 상반되거나 상대적임을 나타내는 전환 관계의 문장에 사용된다. '虽然' 대신에 '虽/虽说/尽管'을 쓸 수 있고, '但是' 대신에 '可是'를 쓸 수 있다.

虽然他跟女朋友分手了，但是他还是思念她。
Suīrán tā gēn nǚpéngyou fēnshǒu le, dànshì tā háishi sīniàn tā.

我爸爸尽管身体不好，可是仍然坚持工作。
Wǒ bàba jǐnguǎn shēntǐ bù hǎo, kěshì réngrán jiānchí gōngzuò.

*还是 háishi 여전히, 아직도
*思念 sīniàn 그리워하다
*尽管 jǐnguǎn 비록 ~하지만
*仍然 réngrán 여전히, 변함없이
*坚持 jiānchí 유지하다, 단호히 지키다

◎ 다음 문장에서 괄호 안의 단어가 들어갈 알맞은 위치를 고르세요.

① A　闻起来　B　好臭，C　但是　D　吃起来好香。(虽然)
　　　wén qǐlai　　　hǎo chòu,　　dànshì　　chī qǐlai hǎo xiāng.

② 他　A　尽管　B　健康不好，C　还是　D　努力工作。(但是)
　Tā　　jǐnguǎn　　jiànkāng bù hǎo,　háishi　　nǔlì gōngzuò.

초특가 한정 할인 판매, 秒杀

중국의 인터넷 쇼핑몰 사이트를 보면 '秒杀'라는 문구가 종종 눈에 띄게 됩니다. '秒'는 시간 단위인 '초'를 의미하고, '杀'는 '죽이다'라는 뜻입니다. '秒杀'는 '눈 깜짝할 사이에 상대를 제거하다'라는 뜻으로, 주로 인터넷 전투 게임에서 사용하던 말이라고 합니다. 하지만 최근에는 인터넷 쇼핑몰에서 판촉 행사를 할 때에 자주 사용하곤 합니다. 아주 싼 가격의 상품을 한정된 시간에만 판매하는 일종의 '타임 세일(Time Sale)'이라고 할 수 있습니다. 인터넷 쇼핑을 하다 보면 심심치 않게 볼 수 있으니, 참고로 알아 두면 유용하게 쓸 수 있을 것입니다.

*秒杀 miǎoshā 눈 깜짝할 사이(게임, 인터넷 용어)

끝장 마무리 练习

1 다음 단어나 표현을 넣고 대화 연습을 해보세요.

① A: 这就是上海最繁华的南京路。
　 B: 今天是周六，人多得走不动。
　　　　　　　　非常热闹
　　　　　　　　街上人来人往
　　　　　　　　街上来往的人很多

热闹 rènao
번화하다, 시끌벅적하다
人来人往 rén lái rén wǎng
오가는 사람이 끊이지 않다

② A: 我的肚子有点饿了。
　 B: 到 路边的小吃店 对付一顿，怎么样？
　　　　 前面的快餐店
　　　　 街边的大排档
　　　　 对面的便利店

快餐店 kuàicāndiàn 패스트푸드점
大排档 dàpáidàng 포장마차, 간이 식당
便利店 biànlìdiàn 편의점

③ A: 虽然闻起来好臭，但是吃起来好香。
　 B: 这个 不合我的口味 。
　　　　 不太合我的胃口
　　　　 正合我的胃口
　　　　 很对味儿

正 zhèng 딱, 꼭, 마침
对味儿 duìwèir 입맛에 맞다

2 그림을 보고 문장을 완성한 후 대화 연습을 해보세요.

A：那儿怎么这么多人在 ❶_____呢？

B：那儿是 ❷_____小笼包的。

A：那我 ❸_____吃不可。
　　咦？这是什么味儿？

B：这是臭豆腐。❹_____闻起来好臭，但是吃起来好香。

3 우리말 뜻에 맞게 문장을 완성하세요.

❶ 여기는 무슨 물건이든 다 있어요.
　➡ 这儿什么东西_____有。

❷ 당신은 어쩌면 이렇게 보는 눈이 없나요.
　➡ 你怎么这么没有_____啊。

❸ 이건 내 입맛에 맞지 않아요.
　➡ 这个不_____我的口味。

一、听力
第四部分

第 31-35 题

例如：女：	Qǐng zài zhèr xiě nín de míngzi? 请在这儿写您的名字？		
男：	Shì zhèr ma? 是这儿吗？		
女：	Bú shì, shì zhèr. 不是，是这儿。		
男：	Hǎo, xièxie. 好，谢谢。		
问：	Nán de yào xiě shénme? 男的要写什么？		
	A míngzi 名字 ✓	B shíjiān 时间	C fángjiān hào 房间号

31. A hěn duō
很多
B bù duō
不多
C bú tài duō
不太多

32. A hěn piàoliang
很漂亮
B bú piàoliang
不漂亮
C hěn guì
很贵

33. A hěn hǎo
很好
B bú tài hǎo
不太好
C hěn mǎnyì
很满意

34. A chī fàn
吃饭
B mǎi dōngxi
买东西
C kàn diànyǐng
看电影

35. A zhèng hé
正合
B bù hé
不合
C hěn duìwèir
很对味儿

*정답 및 해설은 236쪽에서 확인하세요.

15

为了我们的友谊，干杯!
우리들의 우정을 위해, 건배!

중국의 술 문화는 어떠한가요?

중국 속담에 '술이 없으면 연회(宴会)가 되지 않는다'라는 말이 있습니다. 이렇듯 술은 손님을 초대할 때 빠뜨릴 수 없는 필수 요소일 뿐만 아니라, 일상생활에서 인간관계를 친밀하게 만들어주는 하나의 문화로 자리 잡고 있습니다. 하지만 중국의 술 문화는 우리나라와는 다른 점이 많으므로 기본적인 술자리 에티켓을 미리 알아두는 것이 좋습니다.

우리나라에서는 술잔에 있는 술을 다 마셔야 다시 잔을 채우지만, 중국에서는 술잔에 술이 남아 있어도 계속 따라주는 첨잔 습관이 있습니다. 그리고 잔을 돌려가며 술을 권하지 않습니다. 만약 술자리에서 누군가 '건배(干杯)'를 제안했다면 술을 모두 마셔야 합니다. 하지만 술을 잘 마시지 못한다면 미리 양해를 구하고 잔만 부딪힌 후 음료수를 마셔도 괜찮습니다. 우리나라 사람들은 술에 비교적 관대한 편이지만, 중국 사람들은 술에 취해 실수하는 것을 몹시 싫어하기 때문에 과음하지 않도록 주의해야 합니다.

为了我们的友谊，干杯！
Wèile wǒmen de yǒuyì, gān bēi!

■ 이번 과에서 배울 주요 표현을 살펴보세요.

我们走了半天了，累得要命。
한참 동안 걸어 다녔더니, 피곤해 죽겠네요.

咱们找个地方喝点儿东西吧。
우리 어디 가서 뭐 좀 마셔요.

为了我们的友谊，干杯！
우리들의 우정을 위해, 건배!

이 과의 어법

~了~了
有的A, 有的B
一A就B

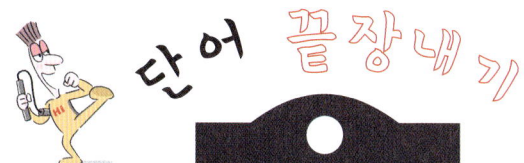

半天	bàntiān	한참, 한나절
要命	yàomìng	죽을 지경이다, 엄청, 몹시
找	zhǎo	찾다, 물색하다
刚好	gānghǎo	마침, 알맞게
酒馆	jiǔguǎn	술집
酒	jiǔ	술
炸弹酒	zhàdànjiǔ	폭탄주
人人	rénrén	사람마다
有的	yǒude	어떤 것, 어떤 사람
啤酒	píjiǔ	맥주
烧酒	shāojiǔ	소주
感受	gǎnshòu	체험하다, 느끼다
期待	qīdài	기대하다
白酒	báijiǔ	바이주(배갈)
配	pèi	~에 어울리다, 배합하다
下酒菜	xiàjiǔcài	술안주
烤肉串	kǎoròuchuàn	꼬치구이
凉拌菜	liángbàncài	냉채 요리
酱牛肉	jiàngniúròu	소고기 조림
等	děng	등, 따위
不错	búcuò	괜찮다, 좋다
盘	pán	평평한 것을 세는 단위
上	shàng	(요리를) 내오다
为了	wèile	~를 위하여
友谊	yǒuyì	우정
干杯	gān bēi	건배하다
脸红	liǎn hóng	얼굴이 빨개지다
感情	gǎnqíng	정, 감정
深	shēn	깊다, (색깔이) 짙다
口	kǒu	입, 모금(입과 관련된 것을 세는 단위)
闷	mēn	밀폐하다, 답답하다
浅	qiǎn	얕다, (색깔이) 옅다
舔	tiǎn	핥다
醉	zuì	취하다
再也	zàiyě	더는, 더 이상은

회화 끝.장.내.기 会话

■ 술 문화에 대해 말할 때

民浩 我们走了半天了，累得要命。
Wǒmen zǒu le bàntiān le, lèi de yàomìng.

琳琳 咱们找个地方喝点儿东西吧。
Zánmen zhǎo ge dìfang hē diǎnr dōngxi ba.

民浩 刚好前面有一家安静的酒馆。去那儿喝一杯吧！
Gānghǎo qiánmian yǒu yì jiā ānjìng de jiǔguǎn. Qù nàr hē yì bēi ba!

琳琳 你喜欢喝哪种酒？我听说韩国人喜欢喝炸弹酒。
Nǐ xǐhuan hē nǎ zhǒng jiǔ? Wǒ tīngshuō Hánguó rén xǐhuan hē zhàdànjiǔ.

民浩 人人都不一样。有的人喜欢喝啤酒，有的人喜欢喝烧酒。
Rénrén dōu bù yíyàng. Yǒude rén xǐhuan hē píjiǔ, yǒude rén xǐhuan hē shāojiǔ.

琳琳 今天就带你感受中国的酒文化吧。
Jīntiān jiù dài nǐ gǎnshòu Zhōngguó de jiǔ wénhuà ba.

民浩 好期待！
Hǎo qīdài!

Plus 학습

◎ 술 관련

葡萄酒 pútáojiǔ 포도주, 와인
鸡尾酒 jīwěijiǔ 칵테일
威士忌 wēishìjì 위스키
香槟酒 xiāngbīnjiǔ 샴페인

喜酒 xǐjiǔ 결혼 축하주
酒量 jiǔliàng 주량
罚酒 fájiǔ 벌주
酒鬼 jiǔguǐ 술고래

■ 술과 안주를 권할 때

琳琳 这是个好酒，你尝尝吧。
Zhè shì ge hǎo jiǔ, nǐ chángchang ba.

民浩 喝白酒应该配什么下酒菜？
Hē báijiǔ yīnggāi pèi shénme xiàjiǔcài?

琳琳 烤肉串、凉拌菜、酱牛肉等，都很不错。
Kǎoròuchuàn, liángbàncài, jiàngniúròu děng, dōu hěn búcuò.

民浩 那我们点一盘上得最快的下酒菜吧。
Nà wǒmen diǎn yì pán shàng de zuì kuài de xiàjiǔcài ba.

■ 건배를 제안할 때

民浩 为了我们的友谊，干杯！
Wèile wǒmen de yǒuyì, gān bēi!

琳琳 对不起，我一喝酒就脸红。
Duìbuqǐ, wǒ yì hē jiǔ jiù liǎn hóng.

民浩 感情深一口闷，感情浅舔一舔。
Gǎnqíng shēn yì kǒu mēn, gǎnqíng qiǎn tiǎn yi tiǎn.

琳琳 我喝醉了。再也喝不了了。
Wǒ hē zuì le. Zàiyě hē bu liǎo le.

OX 퀴즈

◎ 본문 내용과 일치하면 O, 틀리면 X를 하세요.

① 韩国人都喜欢喝炸弹酒。　　（　　）
Hánguó rén dōu xǐhuan hē zhàdànjiǔ.

② 琳琳一喝酒就脸红。　　（　　）
Línlin yì hē jiǔ jiù liǎn hóng.

어법 끝.장.내.기 语法

1 ~了~了

「동사+了①+목적어+了②」의 형태로 쓰여 말할 당시까지 동작이 이미 발생했거나 완성되었음을 나타낸다. 혹은 말하는 당시까지 동작이 지속된 시간, 이미 도달한 수량을 나타내기도 한다.

昨天我已经买了词典了。(동작이 이미 완성됨)
Zuótiān wǒ yǐjīng mǎi le cídiǎn le.

我学了三个月汉语。(이전에 중국어를 3개월간 배웠고, 현재는 배우는지 알 수 없음)
Wǒ xué le sān ge yuè Hànyǔ.

我学了三个月汉语了。(현재까지 중국어를 3개월간 배웠고, 계속 배울 예정임)
Wǒ xué le sān ge yuè Hànyǔ le.

2 有的A, 有的B

'有的'는 '어떤 것(사람)'이라는 뜻으로 전체 중의 일부분을 나타낸다. 주로 「有的+A+ 有的+B」의 형태로 연용(连用)되고, '어떤 것은 A하고 어떤 것은 B하다'라는 뜻으로 쓰인다.

有的时候听音乐，有的时候看电视。
Yǒu de shíhou tīng yīnyuè, yǒu de shíhou kàn diànshì.

有的说好，有的说不好，议论纷纷。
Yǒu de shuō hǎo, yǒu de shuō bù hǎo, yìlùn fēnfēn.

*议论纷纷 yìlùn fēnfēn
의견이 분분하다, 왈가왈부하다

◎ 다음 우리말을 중국어로 바꿔 써보세요.

① 어떤 사람은 커피 마시는 걸 좋아하고, 어떤 사람은 차 마시는 걸 좋아해요.
　　有的人喜欢喝咖啡，_____。
　　Yǒu de rén xǐhuan hē kāfēi,

② 어떤 때는 춤을 추고, 어떤 때는 노래를 불러요.
　　有的时候跳舞，_____。
　　Yǒu de shíhou tiào wǔ,

3 一A就B

'A하자마자(하기만 하면) 바로 B하다'라는 뜻으로 두 가지 상황이 곧바로 이어져서 발생함을 나타낸다.

一看就迷上了。
Yí kàn jiù mí shàng le.

一躺就睡着了。
Yì tǎng jiù shuì zháo le.

*迷 mí 빠지다, 매혹되다

◎ 다음 문장의 우리말 뜻을 써보세요.

① 我一喝酒就脸红。 _____.
　 Wǒ yì hē jiǔ jiù liǎn hóng.

② 一看就知道了。 _____.
　 Yí kàn jiù zhīdao le.

정말 어이가 없네, 어이가 없어! 我也是醉了！

'我也是醉了。'의 본래 의미는 '나도 취했어요.'라는 뜻이지만, 최근에는 자신이 한 행동에 대해 어이가 없거나 감정이 좋지 않을 때 주로 사용합니다. 전날 과음을 하고 다음 날 술이 깨고 나면, 전날 자신이 술 취해서 한 행동들을 떠올리며 후회하는 경우가 생길 때가 있습니다. 이때 흔히 하는 말들이 "내가 왜 그랬지?"나 "내가 미쳤군."이라는 말일 겁니다. '我也是醉了。'는 이러한 상황에서 쓰이는 신조어라고 할 수 있습니다. 우리말로 따지면 '어이가 없다, 할 말이 없다' 정도로 풀이할 수 있겠네요.

끝장 마무리   练习

1 다음 단어나 표현을 넣고 대화 연습을 해보세요.

❶ A: 我们走了半天了，累得要命。
　　　　　　　　　 有点儿累
　　　　　　　　　 又饿又累
　　　　　　　　　 累坏了

　 B: 咱们找个地方喝点儿东西吧。

累坏 lèihuài 지칠대로 지치다

❷ A: 今天就带你 感受中国的酒文化 吧。
　　　　　　　 转转
　　　　　　　 到家里面看看
　　　　　　　 去剧场看京剧

　 B: 好期待！

转 zhuàn 돌다, 한가하게 돌아다니다
剧场 jùchǎng 극장, 공연장

❸ A: 为了我们的友谊，干杯！
　 B: 对不起，我 一喝酒脸红。
　　　　　　　　 不能喝酒
　　　　　　　　 从来不喝酒
　　　　　　　　 已经喝多了

从来 cónglái 지금까지, 여태껏

2 그림을 보고 문장을 완성한 후 대화 연습을 해보세요.

A：❶＿＿＿＿＿我们的友谊，干杯！
B：对不起，我一喝酒 ❷＿＿＿＿脸红。
A：感情 ❸＿＿＿＿一口闷，感情浅舔一舔。
B：我喝醉了。❹＿＿＿＿＿喝不了了。

3 우리말 뜻에 맞게 문장을 완성하세요.

❶ 저기 가서 한잔해요!
➡ 去那儿喝一＿＿＿＿吧！

❷ 당신은 어떤 술 마시는 걸 좋아하나요?
➡ 你喜欢喝＿＿＿＿＿酒？

❸ 사람마다 모두 달라요.
➡ ＿＿＿＿＿都不一样。

종합테스트 考试

1 녹음을 듣고 대화 내용에 알맞은 그림을 고르세요. 🎧 MP3 071

ⓐ

ⓑ

ⓒ

ⓓ

❶ _____   ❷ _____   ❸ _____

2 주어진 단어가 들어갈 알맞은 위치를 고르세요.

❶ 算是

这 A 我 B 的 C 生日 D 派对。
Zhè　wǒ　　de　　shēngrì　pàiduì.

❷ 趁着

A 假期，B 咱们 C 去 D 旅游吧！
　jiàqī,　　zánmen　qù　　lǚyóu ba!

❸ 不如

A 以前 B 好，C 什么也 D 不想吃。
　yǐqián　hǎo,　shénme yě　bù xiǎng chī.

3 주어진 단어를 알맞게 배열하여 다음 대화를 완성해 보세요.

① 需要 / 左右 / 个 / 小时 / 十二
xūyào　zuǒyòu　ge　xiǎoshí　shí'èr

A：到上海要坐多长时间？
　　Dào Shànghǎi yào zuò duō cháng shíjiān?

B：_____。

② 我 / 吃饭 / 到 / 你 / 请 / 我家
wǒ　chī fàn　dào　nǐ　qǐng　wǒ jiā

A：有什么事儿？
　　Yǒu shénme shìr?

B：_____。

4 우리말 뜻에 맞게 빈칸을 채워보세요.

① 오늘 아침에는 머리도 아프기 시작했어요.

今天早上_____头也开始疼了。
Jīntiān zǎoshang　　　　tóu yě kāishǐ téng le.

② 당신은 어쩌면 이렇게 보는 눈이 없나요.

你_____没有眼光啊。
Nǐ　　　　méiyǒu yǎnguāng a.

5 다음 우리말을 중국어로 바꿔 보세요.

① 이건 무슨 고기로 만든 건가요?　_____?

② 사람마다 모두 달라요.　_____。

종합테스트

6 그림을 보고 상황에 맞게 대화를 나눠 보세요.

❶

A : _____

B : _____

❷

A : _____

B : _____

7 제시된 우리말에 해당하는 중국어 문장을 아래의 퍼즐 판에서 찾아보세요.

					十			
真			我		二		今	
便		免	中	喝		个	天	我
宜	身	贵	国	是	醉	小	我	饿
	体	姓	的	好	吃	了	来	了
	怎	金	要	坐	那	么	请	
	么	你	经	济	中	心	客	
		胃	口	便	宜	没	好	货
		越	来	越	好	了		东	西

예 제 성씨는 김입니다.
1. 오늘 제가 한턱 낼게요.
2. 갈수록 좋아지고 있어요.
3. 싼 게 비지떡이에요.
4. 난 취했어요.

16

怎么烫得像个老太太!
어쩜 아줌마 같이 파마가 됐잖아요!

 중국의 소비 문화는 어떤가요?

여성들의 활발한 사회 활동이 중국 경제에 날로 큰 영향을 미치고 있습니다. 특히 2000년대 이후부터는 여성이 소비와 재테크를 주도하게 되면서, 여성을 지칭하는 단어인 '타(她)'와 경제라는 뜻의 단어인 '징지(经济)'를 합쳐서 '타징지(她经济)'라는 신조어까지 등장했습니다.

하지만 최근 중국에서는 여성들 못지않게 남성들도 패션이나 미용 분야에 돈을 아끼지 않고 소비하는 현상이 나타나고 있습니다. 이런 현상을 '타징지(他经济)'라고 부릅니다. 앞서 말한 여성 구매력 증가 현상을 나타내는 '她经济'와는 반대되는 개념이라고 할 수 있습니다. 통계에 따르면 중국 고급 소비재 시장의 소비자 70%가 남성이며, 최근 온라인 시장에서 소비하는 금액도 남성이 여성을 앞지르고 있다고 합니다.

16 怎么烫得像个老太太！
Zěnme tàng de xiàng ge lǎotàitai!

■ 이번 과에서 배울 주요 표현을 살펴보세요.

你想怎么做头发?
머리를 어떻게 하고 싶으세요?

你既然烫了发，就顺便再染一下发吧。
기왕 파마하는 김에 염색도 해 보시죠.

怎么烫得像个老太太！
어쩜 아줌마 같이 파마가 됐잖아!

이 과의 어법
동사 弄
既然 A 就 B
부사 顺便

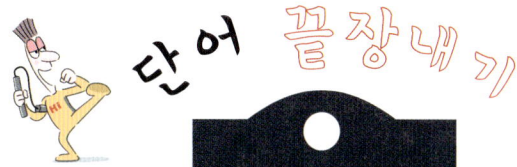 

☐	固定	gùdìng	고정되다, 고정하다
☐	美发师	měifàshī	미용사
☐	第	dì	제(차례의 몇 번째를 나타냄)
☐	头发	tóufa	머리카락
☐	剪	jiǎn	자르다, 깎다
☐	弄	nòng	하다, 행하다
☐	剪发	jiǎn fà	머리를 깎다, 이발하다
☐	烫发	tàng fà	(머리를) 파마하다
☐	照片	zhàopiàn	사진
☐	发型	fàxíng	헤어스타일
☐	既然	jìrán	~된 바에야, ~인(된) 이상
☐	烫	tàng	(머리를) 파마하다, 매우 뜨겁다
☐	顺便	shùnbiàn	~하는 김에
☐	染	rǎn	염색하다
☐	颜色	yánsè	색깔
☐	好看	hǎokàn	예쁘다, 보기 좋다
☐	棕色	zōngsè	갈색
☐	适合	shìhé	어울리다, 적합하다
☐	拜托	bàituō	부탁하다
☐	照	zhào	비추다
☐	镜子	jìngzi	거울
☐	老太太	lǎotàitai	아주머니, 할머니

회화 끝.장.내.기 会话

■ 머리카락을 자를 때

美发师 欢迎光临！您有固定的美发师吗？
Huānyíng guānglín! Nín yǒu gùdìng de měifàshī ma?

民浩 没有。我是第一次来的。
Méiyǒu. Wǒ shì dì yī cì lái de.

美发师 请这边坐。您想怎么做头发？
Qǐng zhèbiān zuò. Nín xiǎng zěnme zuò tóufa?

民浩 我想剪头发。剪短一些吧。
Wǒ xiǎng jiǎn tóufa. Jiǎn duǎn yìxiē ba.

美发师 剪成这样行吗？
Jiǎn chéng zhèyàng xíng ma?

民浩 这儿再弄短点儿。
Zhèr zài nòng duǎn diǎnr.

美发师 好，没问题。
Hǎo, méi wèntí.

Plus 학습

◎ 미용 관련

长发 chángfà 긴 머리
直发 zhífà 생머리
卷发 juǎnfà 곱슬머리, 웨이브 머리

吹风 chuī fēng 드라이하다
刮胡子 guā húzi 면도하다
美甲 měijiǎ 네일아트

■ 파마할 때

美发师 您要剪发还是烫发？
Nín yào jiǎn fà háishì tàng fà?

唐薇 我要烫发。能做这张照片上的发型吗？
Wǒ yào tàng fà. Néng zuò zhè zhāng zhàopiàn shang de fàxíng ma?

美发师 能做。您既然烫了发，就顺便再染一下发吧。
Néng zuò. Nín jìrán tàng le fà, jiù shùnbiàn zài rǎn yíxià fà ba.

唐薇 染什么颜色最好看？
Rǎn shénme yánsè zuì hǎokàn?

美发师 我看这种浅棕色挺适合你的。
Wǒ kàn zhè zhǒng qiǎn zōngsè tǐng shìhé nǐ de.

唐薇 好，那就听你的。拜托你了。
Hǎo, nà jiù tīng nǐ de. Bàituō nǐ le.

美发师 照镜子看看吧！你满意吗？
Zhào jìngzi kànkan ba! Nǐ mǎnyì ma?

唐薇 哎呀！怎么烫得像个老太太！
Āi ya! Zěnme tàng de xiàng ge lǎotàitai!

OX 퀴즈

◎ 본문 내용과 일치하면 O, 틀리면 X를 하세요.

① 民浩想剪头发。　　　　　　(　　)
　Mínhào xiǎng jiǎn tóufa.

② 唐薇很满意烫后的发型。　　(　　)
　Táng Wēi hěn mǎnyì tàng hòu de fàxíng.

어법 끝.장.내.기 语法

1 동사 弄

'하다, 만들다'라는 뜻으로 做(zuò)의 의미를 가지고 있다. 다른 동사들을 대신하여 사용이 가능하며 목적어에 따라 그 의미가 달라진다. 뒤에 동태조사 '了/着/过'가 올 수 있다.

我去给他们弄点儿饭。
Wǒ qù gěi tāmen nòng diǎnr fàn.

我给他弄了一张看京剧的票。('弄'은 '买'의 의미)
Wǒ gěi tā nòng le yì zhāng kàn jīngjù de piào.

我的自行车坏了，你帮我弄弄吧！('弄'은 '修理'의 의미)
Wǒ de zìxíngchē huài le, nǐ bāng wǒ nòngnong ba!

TIP '弄'은 중첩해서 사용할 수 있습니다.

* 自行车 zìxíngchē 자전거
* 帮 bāng 돕다
* 修理 xiūlǐ 수리하다

◎ 다음 문장의 우리말 뜻을 써보세요.

① 这儿再弄短点儿。 _____.
   Zhèr zài nòng duǎn diǎnr.

② 妈妈给我弄点儿饭。 _____.
   Māma gěi wǒ nòng diǎnr fàn.

2 既然 A 就 B

'기왕 A하게 된 이상, B하다'라는 뜻으로, 앞 절의 사실을 바탕으로 뒤 절에서 어떠한 판단과 행위에 대한 인과 관계를 나타낸다.

既然你已经买了，就不要再后悔了。
Jìrán nǐ yǐjīng mǎi le, jiù bú yào zài hòuhuǐ le.

你既然没有什么毛病，就应该来上班。
Nǐ jìrán méiyǒu shénme máobìng, jiù yīnggāi lái shàngbān.

* 后悔 hòuhuǐ 후회하다
* 毛病 máobìng 병, 질병, (일에 있어서의) 문제, (기계의) 고장

◎ 다음 문장에서 괄호 안의 단어가 들어갈 알맞은 위치를 골라 보세요.

① 您　A　烫了发，　B　就顺便　C　再　D　染一下发吧。(既然)
   Nín　　tàng le fà,　　jiù shùnbiàn　　zài　　rǎn yíxià fà ba.

② A　既然　B　你已经买了，　C　不必　D　后悔了。(就)
         jìrán　　nǐ yǐjīng mǎi le,　　bú bì　　hòuhuǐ le.

3 부사 顺便

'~하는 김에'라는 뜻으로 어떤 일을 하는 과정 중에 겸사겸사 또 다른 일을 함께 할때 사용한다.

你去那里顺便看看她吧。
Nǐ qù nàli shùnbiàn kànkan tā ba.

既然说出来了，就顺便再多说一句。
Jìrán shuō chūlai le, jiù shùnbiàn zài duō shuō yí jù.

*句 jù 마디, 구, 문장

◎ 주어진 단어를 우리말 뜻에 맞게 배열해 보세요.

① 기왕 머리 자르는 김에 파마도 해 보시죠.
　(顺便 shùnbiàn / 就 jiù / 烫一下发 tàng yíxià fà / 再 zài)
　既然剪了发，_____吧。
　Jìrán jiǎn le fà,　　　　　　　　　　　　　　ba.

② 그곳에 간 김에 그를 보러 가세요.
　(那里 nàli / 看看 kànkan / 他 tā / 去 qù / 顺便 shùnbiàn)
　你_____吧。
　Nǐ　　　　　　　　　　　　　　　　　　　　 ba.

나의 외모 지수는? 颜值

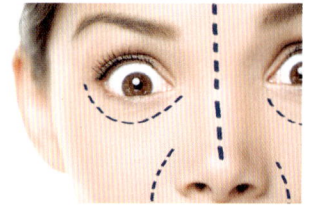

요즘 중국 방송을 보면 '颜值'라는 말이 자주 등장합니다. '颜值'를 말 그대로 하면 '얼굴의 가치, 얼굴값'이라고 풀이할 수 있는데, 중국 젊은 층들 사이에서는 외모를 판단하는 기준이 되는 '외모 지수'라는 뜻으로 사용되고 있습니다. 즉, '颜值高'라고 하면 잘생기고 예쁘다는 뜻이 되고, 반대로 '颜值低'라고 하면 못생겼다는 뜻이 됩니다. 또한 '계량기가 폭발하다'라는 뜻의 '爆表'를 붙여서 '颜值爆表'라고 하면 엄청나게 잘생기거나 예쁜 사람을 가리키는 말입니다. 이처럼 외모를 중요시 여기는 사회 풍조로 인해 최근 중국에서는 뷰티와 미용 관련 산업이 크게 성장하고 있다고 합니다.

*颜值 yánzhí 얼굴값, 외모 지수
*爆表 bàobiǎo 계량기가 폭발하다, 최고의 수준을 넘었다

끝장 마무리 练习

1 다음 단어나 표현을 넣고 대화 연습을 해보세요.

① A: 您想怎么做头发？
B: 我想 剪头发。
烫头发
染头发
卷头发

卷 juǎn
말다, 말아 올리다, 롤(roll)

② A: 剪成这样行吗？
B: 这儿再弄短点儿。
请不要剪得太短
就修剪一点儿吧
请把头发帘剪短点儿

修剪 xiūjiǎn
(가위로) 다듬다, 손질하다
头发帘 tóufalián 앞머리

③ A: 染什么颜色最好看？
B: 我看这种浅棕色 挺适合你的。
很漂亮
很时髦
自然一些

时髦 shímáo
유행이다, 스타일리시하다
自然 zìrán 자연스럽다, 자연

2 그림을 보고 문장을 완성한 후 대화 연습을 해보세요.

A：您想 ❶＿＿＿＿做头发？

B：我想剪头发。剪 ❷＿＿＿一些吧。

A：剪 ❸＿＿＿这样行吗？

B：这儿再 ❹＿＿＿短点儿。

3 우리말 뜻에 맞게 문장을 완성하세요.

❶ 저는 처음 왔어요.

➡ 我是＿＿＿＿来的。

❷ 이 사진에 있는 스타일로 해주실 수 있나요?

➡ ＿＿＿做这张照片上的发型吗？

❸ 거울로 비춰서 한번 보세요!

➡ ＿＿＿镜子看看吧！

二、阅读
第一部分

第 36-40 题

A
B
C
D
E
F

例如：Měi ge xīngqīliù, wǒ dōu qù dǎ lánqiú.
每个星期六，我都去打篮球。   D

36. Wǒ xiǎng jiǎn tóufa. Jiǎn duǎn yìxiē ba.
    我想剪头发。剪短一些吧。

37. Wǒ yào tàng fà. Néng zuò zhè zhāng zhàopiàn shang de fàxíng ma?
    我要烫发。能做这张照片上的发型吗？

38. Zhè zhǒng qiǎn zōngsè tǐng shìhé nǐ de.
    这种浅棕色挺适合你的。

39. Wǒ de zìxíngchē huài le, nǐ bāng wǒ nòngnong ba!
    我的自行车坏了，你帮我弄弄吧！

40. Wǒ qù gěi tāmen nòng diǎnr fàn.
    我去给他们弄点儿饭。

*정답 및 해설은 238쪽에서 확인하세요.

17

一个月的房租是多少?
한 달 집세가 얼마에요?

 **중국의 주거 문화는 어떤 특징이 있나요?**

중국은 다양한 민족과 자연환경을 가진 나라로 주거 형태 또한 매우 다양합니다. 그중 민족 대다수를 차지하는 한족(汉族)의 전통 가옥인 '쓰허위안(四合院)'이 중국 주택의 원형이라고 할 수 있습니다. 쓰허위안은 중정(中庭)을 중심으로 네 개의 건물이 'ㅁ'자 형태로 배치된 주택을 말합니다. 최근에는 우리나라 한옥마을처럼 관광코스로 개발되어 중국을 여행하는 관광객들의 많은 관심을 받고 있습니다.

중국은 1가구 1자녀 정책으로 세대 인구수가 감소하여 현재 3~4인용의 주거 형태가 일반화되어 있습니다. 주로 주방을 독립적인 형태로 만들고, 주방을 중심으로 거실과 침실의 동선이 배치되는 특징이 있습니다.

중국에서 아파트를 분양받으면 내부 인테리어는 입주하는 사람이 직접 해야 합니다. 비용이 만만치 않아서 다소 부담이 되기는 하지만, 입주자의 개성을 살린 인테리어를 할 수 있다는 장점이 있습니다.

17 一个月的房租是多少？
Yí ge yuè de fángzū shì duōshao?

■ 이번 과에서 배울 주요 표현을 살펴보세요.

一个月的房租是多少？
한 달 집세가 얼마예요?

这不是单间的，而是一室一厅的。
이건 원룸이 아니라, 방 하나에 거실 하나가 있는 집이에요.

要是便宜的话，我就签约了。
싸다면, 제가 바로 계약할게요.

이 과의 어법

\# 不是A而是B
\# 비교문
\# 要是A就B

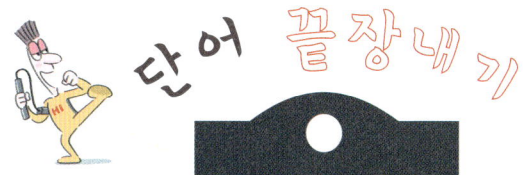

☐ 帮助	bāngzhù	돕다, 도움
☐ 租	zū	세내다, 세를 주다
☐ 套	tào	세트로 구성된 것을 세는 단위
☐ 房子	fángzi	집
☐ 地区	dìqū	지역
☐ 线	xiàn	(교통) 노선, 선
☐ 五道口	Wǔdàokǒu	우다오커우(베이징의 하이뎬 구[海淀区]에 있는 지역명)
☐ 其他	qítā	다른 것(사람), 기타
☐ 月	yuè	월
☐ 房租	fángzū	집세
☐ 千	qiān	천, 1000
☐ 付	fù	지급하다, 지불하다
☐ 押金	yājīn	보증금
☐ 单间	dānjiān	원룸, 단칸방

☐ 室	shì	방, 실
☐ 厅	tīng	거실, 홀
☐ 朝	cháo	~을 향하여, ~쪽으로
☐ 南	nán	남, 남쪽
☐ 阳光	yángguāng	햇빛
☐ 充足	chōngzú	충분하다
☐ 肯定	kěndìng	확실히, 틀림없이
☐ 要是	yàoshi	만약 ~이라면
☐ 签约	qiānyuē	계약하다
☐ 包括	bāokuò	포함하다
☐ 水电费	shuǐdiànfèi	수도·전기세
☐ 提供	tígōng	제공하다
☐ 家具	jiājù	가구
☐ 房东	fángdōng	집주인

☐ 不是~而是……
  bú shì ~ ér shì…… ~가 아니고, ……이다

회화 끝.장.내.기
会话

■ 셋집을 구할 때

房地产经纪人	您需要什么帮助？ Nín xūyào shénme bāngzhù?
民浩	我想租一套房子。 Wǒ xiǎng zū yí tào fángzi.
房地产经纪人	您想要哪个地区的？ Nín xiǎng yào nǎ ge dìqū de?
民浩	有没有13号线五道口站附近的？ Yǒu méiyǒu shísān hào xiàn Wǔdàokǒu zhàn fùjìn de?
房地产经纪人	有是有，但是比其他的房子还要贵一些。 Yǒu shì yǒu, dànshì bǐ qítā de fángzi hái yào guì yìxiē.
民浩	一个月的房租是多少？ Yí ge yuè de fángzū shì duōshao?
房地产经纪人	一个月五千块，要先付一个月的押金。 Yí ge yuè wǔqiān kuài, yào xiān fù yí ge yuè de yājīn.
民浩	太贵了。我再看看别的房子吧。 Tài guì le. Wǒ zài kànkan bié de fángzi ba.

Plus 학습

◎ 집 관련

房地产 fángdìchǎn 부동산 卧室 wòshì 침실
房客 fángkè 세입자, 임차인 客厅 kètīng 거실, 응접실
住宅 zhùzhái 주택 浴室 yùshì 욕실
公寓 gōngyù 아파트 厨房 chúfáng 주방

■ 셋집을 구경할 때

民浩　　　这套房子是单间的吗？
　　　　　Zhè tào fángzi shì dānjiān de ma?

房地产经纪人　这不是单间的，而是一室一厅的。
　　　　　Zhè bú shì dānjiān de, ér shì yí shì yì tīng de.

民浩　　　这房间是朝南的吗？
　　　　　Zhè fángjiān shì cháo nán de ma?

房地产经纪人　是的。朝南的房子阳光很充足，肯定不会冷。
　　　　　Shì de. Cháo nán de fángzi yángguāng hěn chōngzú, kěndìng bú huì lěng.

民浩　　　这套房子我很满意。
　　　　　Zhè tào fángzi wǒ hěn mǎnyì.

　　　　　要是便宜的话，我就签约了。
　　　　　Yàoshi piányi de huà, wǒ jiù qiānyuē le.

房地产经纪人　月房租三千二，不包括水电费。
　　　　　Yuèfángzū sānqiān'èr, bù bāokuò shuǐdiànfèi.

民浩　　　可以提供我需要的家具吗？
　　　　　Kěyǐ tígōng wǒ xūyào de jiājù ma?

房地产经纪人　我跟房东说一说。
　　　　　Wǒ gēn fángdōng shuō yi shuō.

OX 퀴즈

◎ 본문 내용과 일치하면 O, 틀리면 X를 하세요.

① 民浩想买一套房子。　　　　（　　）
　Mínhào xiǎng mǎi yí tào fángzi.

② 民浩要租的房子是一室一厅的。（　　）
　Mínhào yào zū de fángzi shì yí shì yì tīng de.

어법 끝.장.내.기 语法

1 不是 A 而是 B

'A가 아니라 B이다'라는 뜻으로 앞 절에서 어떠한 사실을 부정하고, 뒤 절에서 다른 사실을 인정함을 나타낸다.

这**不是**你的错，**而是**他的错。
Zhè bú shì nǐ de cuò, ér shì tā de cuò.

不是他不来，**而是**我没有通知他。
Bú shì tā bù lái, ér shì wǒ méiyǒu tōngzhī tā.

*错 cuò 잘못, 틀리다
*通知 tōngzhī 통지, 알리다

◎ 다음 문장에서 괄호 안의 단어가 들어갈 알맞은 위치를 골라 보세요.

① A 这 B 单间的，C 而是 D 一室一厅的。(不是)
　　　zhè　　dānjiān de,　　ér shì　　yí shì yì tīng de.

② 他 A 不是 B 去北京，C 去 D 上海。(而是)
　Tā　　bú shì　　qù Běijīng,　　qù　　Shànghǎi.

---

2 비교문

비교문은 주로 「A+比+B+형용사/동사구」의 형태로 쓰이며 'A는 B보다 ~하다'라는 뜻으로 사용된다.

- 비교문으로 정도를 설명할 때
  他**比**我吃得多。(동사 뒤에 得가 쓰인 정도보어를 붙임)
  Tā bǐ wǒ chī de duō.

  今天**比**昨天冷一点儿。(형용사 뒤에 一点儿이나 一些를 붙임)
  Jīntiān bǐ zuótiān lěng yìdiǎnr.

- 비교문을 강조할 때
  她**比**我更能干。(형용사나 동사구 앞에 更이나 还를 붙임)
  Tā bǐ wǒ gèng nénggàn.

- 비교문의 부정형
  这件衬衫不**比**那件新。(比 앞에 不를 붙임)
  Zhè jiàn chènshān bù bǐ nà jiàn xīn.

  首尔的夏天没有北京热。(「A+没有(不如)+B」의 형태로 쓰임)
  Shǒu'ěr de xiàtiān méiyǒu Běijīng rè.

*能干 nénggàn 유능하다, 재능 있다

3 要是 A 就 B

'만일 A하다면, B할 것이다'라는 뜻으로, '如果A就B'와 같이 가설의 의미를 나타낸다. '~的话'를 붙일 경우에는 필요충분조건 관계의 가설을 나타내며, 이때 '要是'는 생략할 수 있다.

要是太阳从西边出来，我就嫁给你。
Yàoshi tàiyáng cóng xībiān chūlai, wǒ jiù jià gěi nǐ.

你没空不能来的话，我就派人给你送去。
Nǐ méi kòng bù néng lái de huà, wǒ jiù pài rén gěi nǐ sòngqu.

*太阳 tàiyáng 태양, 해
*出来 chūlai 나타나다, (안에서 밖으로) 나오다
*嫁 jià 시집 가다
*空 kòng 틈, 짬

◎ 주어진 단어를 우리말 뜻에 맞게 배열해 보세요.

① 만약 싸다면, 제가 바로 계약할게요. (就 jiù / 签约 qiānyuē / 我 wǒ / 了 le)
   要是便宜的话，＿＿＿＿＿＿＿＿＿＿＿＿＿＿。
   Yàoshi piányi de huà,

② 만약 당신이 올 수 없다면, 내가 사람을 보내서 전해 줄게요.
   (不能 bù néng / 的话 de huà / 你 nǐ / 来 lái)
   ＿＿＿＿＿＿＿＿＿＿＿＿＿，我就派人给你送去。
   wǒ jiù pài rén gěi nǐ sòngqu.

중국의 하우스 푸어, 房奴

중국에서 부동산 열풍이 일어난 지는 얼마 되지 않았지만, 그 열기는 우리나라보다 훨씬 더 뜨겁다고 합니다. 하지만 집값이 너무 비싸 결혼을 앞둔 젊은 사람들이 자신의 힘으로만 집을 구하기는 힘든 게 현실입니다. 그래서 집을 사기 위해 무리하게 은행 대출을 받고, 대출금 상환을 하느라 힘겹게 생활하는 사람들을 '房奴'라고 합니다. 말 그대로 '집의 노예'라는 뜻입니다. '房奴' 이외에도 차를 무리하게 구입한 후 관리와 유지를 하느라 생활고를 겪는 '车奴'도 있습니다.

최근 중국은 눈부신 경제 발전을 이룩하였지만, 급속 성장으로 인해 각종 '노예(奴)'들을 양산해 내는 등 많은 사회적 문제가 나타나고 있습니다.

*房奴 fángnú 하우스 푸어   *车奴 chēnú 카 푸어

끝장 마무리 / 练习

1 다음 단어나 표현을 넣고 대화 연습을 해보세요.

① A: 您需要什么帮助？
B: 我想租 一套房子。
　　　　一套公寓
　　　　一间月租房
　　　　一辆轿车

月租房 yuèzūfáng 사글셋방
辆 liàng 대(차량을 세는 단위)
轿车 jiàochē 승용차

② A: 您想要哪个地区的？
B: 有没有 13号线五道口附近的？
　　　　地铁站附近的
　　　　北京站一带的
　　　　离公司近的地方

地铁站 dìtiě zhàn 지하철역
一带 yídài 일대

③ A: 这套房子是单间的 吗？
　　这是铅笔
　　这是白色的
B: 这不是 单间的，而是 一室一厅的。
　　　　铅笔　　　钢笔
　　　　白色的　　象牙白色的

钢笔 gāngbǐ 펜, 만년필
象牙白色 xiàngyá báisè 아이보리 색

2 그림을 보고 문장을 완성한 후 대화 연습을 해보세요.

A：这 ❶_____房子是单间的吗？

B：这不是单间的，❷_____
　　一室一厅的。

A：这房间是 ❸_____南的吗？

B：是的。这房间阳光充足，
　　❹_____不会冷。

3 우리말 뜻에 맞게 문장을 완성하세요.

❶ 한 달 치 보증금을 먼저 내야 해요.

➡ 要先_____一个月的押金。

❷ 만약 싸다면, 제가 바로 계약할게요.

➡ _____便宜的话，我就签约了。

❸ 필요한 가구를 제공받을 수 있나요?

➡ 可以_____我需要的家具吗？

二、阅读
第二部分

第 41-45 题

	bú shì		jiù		bāokuò		bǐ		guì		zū
A	不是	B	就	C	包括	D	比	E	贵	F	租

例如： Zhèr de yángròu hěn hǎochī, dànshì yě hěn
这儿的羊肉很好吃，但是也很（ E ）。

41. Wǒ xiǎng yí tào fángzi.
    我想（　）一套房子。

42. Yǒu shì yǒu, dànshì qítā de fángzi hái yào guì yìxiē.
    有是有，但是（　）其他的房子还要贵一些。

43. Zhè dānjiān de, ér shì yí shì yì tīng de.
    这（　）单间的，而是一室一厅的。

44. Yàoshi piányi de huà, wǒ qiānyuē le.
    要是便宜的话，我（　）签约了。

45. Yuèfángzū sānqiān'èr, bù shuǐdiànfèi.
    月房租三千二，不（　）水电费。

*정답 및 해설은 239쪽에서 확인하세요.

18

咱们到电影院去避暑吧!
우리 영화관에 가서 피서해요!

 중국 사람들은 영화를 즐겨 보나요?

최근 중국의 영화시장은 매출액, 관람객 수, 스크린 수, 제작업자 수 등의 방면에서 놀라운 성장을 거듭하고 있습니다. 통계에 따르면 전 세계 영화시장의 매출에서, 최근 몇 년간 미국에 이어 줄곧 2위 자리를 지켰던 일본을 제치고 중국이 그 자리를 차지한 것으로 나타났습니다. 이러한 성장세라면 중국은 곧 세계 1위의 영화시장이 될 것으로 보입니다.

중국의 영화시장이 이처럼 성장할 수 있었던 것은 중국 정부의 적극적인 투자 결과입니다.

도시 곳곳에 영화관을 늘리고 기업의 투자를 확대해 대중들이 다양한 장르의 영화를 쉽게 접할 수 있도록 하였습니다. 또한 조조할인이나 인터넷 공동 예매 등의 가격 자율화 정책도 중국 영화시장 성장의 촉진제 역할을 하고 있습니다.

18

咱们到电影院去避暑吧!
Zánmen dào diànyǐngyuàn qù bìshǔ ba!

■ 이번 과에서 배울 주요 표현을 살펴보세요.

咱们到电影院去避暑吧!
우리 영화관에 가서 피서해요!

那我在网上订票。
그럼 내가 인터넷으로 표를 예매할게요.

这是好不容易下载的。
이건 간신히 다운받은 거에요.

이 과의 어법

\# 접속사 不管
\# ~了没有?
\# 구조조사 地

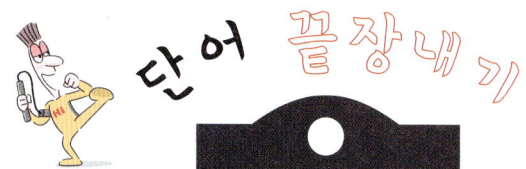

受不了	shòubuliǎo	참을 수 없다, 견딜 수 없다
打发	dǎfa	시간을 보내다
避暑	bìshǔ	피서하다
哈哈	hā ha	하하(웃음소리)
道理	dàolǐ	일리, 이치, 도리
空调	kōngtiáo	에어컨
胜地	shèngdì	명승지, 명당
什么样	shénmeyàng	어떠한
爱情片	àiqíngpiàn	멜로, 애정 영화
动作片	dòngzuòpiàn	액션 영화
科幻片	kēhuànpiàn	SF 영화
不管	bùguǎn	~에 관계없이
恐怖片	kǒngbùpiàn	공포 영화
网	wǎng	인터넷
免费	miǎnfèi	무료, 무료로 하다
早	zǎo	(시간이) 이르다, 빠르다
爆米花	bàomǐhuā	팝콘
优惠券	yōuhuìquàn	할인권, 쿠폰
下载	xiàzǎi	다운로드하다
卖品部	màipǐnbù	매점
地	de	형용사나 동사를 수식하는 부사어 뒤에 붙는 구조조사
购买	gòumǎi	사다, 구매하다
小吃	xiǎochī	간식, 스낵
过期	guòqī	기한을 넘기다
使用	shǐyòng	사용하다, 쓰다
好不容易	hǎo bu róngyì	간신히, 가까스로
一切	yíqiè	전부, 모든
努力	nǔlì	노력하다
徒劳	túláo	헛수고를 하다

■ 영화를 보러 갈 때

民浩 好热啊！真受不了了。
Hǎo rè a! Zhēn shòubuliǎo le.

我们去凉快的地方打发时间吧。
Wǒmen qù liángkuai de dìfang dǎfa shíjiān ba.

琳琳 那咱们到电影院去避暑吧！
Nà zánmen dào diànyǐngyuàn qù bìshǔ ba!

民浩 哈哈！你说的有道理。有空调的地方就是避暑胜地。
Hā ha! Nǐ shuō de yǒu dàolǐ. Yǒu kōngtiáo de dìfang jiù shì bìshǔ shèngdì.

琳琳 你喜欢看什么样的电影？
Nǐ xǐhuan kàn shénmeyàng de diànyǐng?

民浩 爱情片、动作片、科幻片，我都喜欢。
Àiqíngpiàn、dòngzuòpiàn、kēhuànpiàn, wǒ dōu xǐhuan.

琳琳 不管怎么说，这么热的天气最受欢迎的是恐怖片。
Bùguǎn zěnme shuō, zhème rè de tiānqì zuì shòu huānyíng de shì kǒngbùpiàn.

这部电影你看了没有？
Zhè bù diànyǐng nǐ kàn le méiyǒu?

民浩 还没看呢。那我在网上订票。
Hái méi kàn ne. Nà wǒ zài wǎngshàng dìng piào.

琳琳 不用了。我这儿有免费票。
Bú yòng le. Wǒ zhèr yǒu miǎnfèi piào.

Plus 학습

◎ 영화 관련

导演 dǎoyǎn 감독, 연출자, 연출하다　　**午夜场** wǔyèchǎng 심야 영화　　**字幕** zìmù 자막
配音 pèiyīn 더빙하다　　**主角** zhǔjué 주연 배우　　**配角** pèijué 조연 배우

■ 영화를 볼 때

琳琳 几点开始？
Jǐ diǎn kāishǐ?

民浩 时间还早，电影还没开始呢。
Shíjiān hái zǎo, diànyǐng hái méi kāishǐ ne.

琳琳 那我去买点吃的。你想吃什么？
Nà wǒ qù mǎi diǎn chī de. Nǐ xiǎng chī shénme?

民浩 我想吃爆米花和可乐。啊，我把优惠券带来了。
Wǒ xiǎng chī bàomǐhuā hé kělè. Ā, wǒ bǎ yōuhuìquàn dàilai le.

琳琳 这是在网上下载的吧？
Zhè shì zài wǎngshàng xiàzǎi de ba?

民浩 对。拿这张的话，在卖品部购买小吃很便宜。
Duì. Ná zhè zhāng de huà, zài màipǐnbù gòumǎi xiǎochī hěn piányi.

琳琳 咦？这张优惠券已经过期了，不能使用。
Yí? Zhè zhāng yōuhuìquàn yǐjīng guòqī le, bù néng shǐyòng.

民浩 这是好不容易下载的，一切努力成了徒劳。
Zhè shì hǎo bu róngyì xiàzǎi de, yíqiè nǔlì chéng le túláo.

OX 퀴즈

◎ 본문 내용과 일치하면 O, 틀리면 X를 하세요.

① 他们要看的电影是恐怖片。　　　（　　）
Tāmen yào kàn de diànyǐng shì kǒngbùpiàn.

② 民浩带来的优惠券已经过期了。　（　　）
Mínhào dàilai de yōuhuìquàn yǐjīng guòqī le.

어법 끝.장.내.기 语法

1 접속사 不管

'~에 관계없이, ~을 막론하고'라는 뜻으로 조건 관계를 나타낸다. '不管' 뒤에는 의문대명사나 선택의문문 등 의문의 형태가 갖춰져야 하고, 주로 '都, 也' 등의 부사와 호응하여 쓰기도 한다.

不管我什么时候回家，妈妈总是做好饭菜等我。
Bùguǎn wǒ shénme shíhou huí jiā, māma zǒngshì zuò hǎo fàncài děng wǒ.

不管你去还是我去，都要把情况了解清楚。
Bùguǎn nǐ qù háishì wǒ qù, dōu yào bǎ qíngkuàng liǎojiě qīngchu.

*总是 zǒngshì 언제나, 늘
*饭菜 fàncài 식사, 밥과 반찬
*了解 liǎojiě 이해하다

◎ 다음 문장의 우리말 뜻을 써보세요.

① 不管我怎么说，他都不听。　_____.
　Bùguǎn wǒ zěnme shuō, tā dōu bù tīng.

② 不管你在哪里，我都要找到你。　_____.
　Bùguǎn nǐ zài nǎli, wǒ dōu yào zhǎo dào nǐ.

2 ~了没有?

동작의 완성 여부를 물을 때 「동사+(목적어+)了没有」의 형태를 이용하여 의문문을 만들 수 있다.

你写完作业了没有?
Nǐ xiě wán zuòyè le méiyǒu?

我明天要搬家，你听说了没有?
Wǒ míngtiān yào bān jiā, nǐ tīngshuō le méiyǒu?

*写 xiě (글씨를) 쓰다
*作业 zuòyè 숙제, 과제
*搬家 bān jiā 이사하다

◎ 다음 우리말을 중국어로 바꿔 보세요. ('~了没有?' 형태의 의문문으로)

① 이 영화를 당신은 봤나요?　_____?

② 어제 당신은 출근했나요?　_____?

3 구조조사 地

'地'는 단어나 구와 결합하여 뒤에 오는 동사나 형용사를 수식하는 부사어로 쓰인다.

他们愉快地生活在一起。
Tāmen yúkuài de shēnghuó zài yìqǐ.

他兴奋地说,"太棒了!"
Tā xīngfèn de shuō, "Tài bàng le!"

TIP
부사어로 쓰이는 구조조사 '地'는 'de'로 발음합니다.

*愉快 yúkuài 기쁘다, 유쾌하다
*生活 shēnghuó 살다, 생활
*兴奋 xīngfèn 흥분하다, 흥분

◎ 다음 문장에서 '地'가 들어갈 알맞은 위치를 골라 보세요.

① 拿这张的话, A 在卖品部 B 可以 C 便宜 D 购买小吃。
Ná zhè zhāng de huà, zài màipǐnbù kěyǐ piányi gòumǎi xiǎochī.

② A 他 B 高兴 C 说, D "太好了。"
tā gāoxìng shuō "Tài hǎo le."

영화 '어벤저스'가 중국에서는 '복수자 연맹(复仇者联盟)'이라고?

우리나라에서는 외화를 수입해 올 경우 제목을 대부분 원어 그대로 표기하는 경우가 많습니다. 하지만 중국에서는 영화 제목을 그대로 직역하거나 나름대로 의역을 하기도 합니다. 예전에 큰 인기를 끌었던 애니메이션 영화인 '토이 스토리'와 '겨울왕국'은 각각 '玩具总动员'과 '冰雪奇缘'이라는 제목으로 중국에서 개봉되었습니다. 그리고 히어로 영화인 '어벤저스'와 '헐크'는 '复仇者联盟'과 '绿巨人'이라는 제목으로, 우리나라 영화인 '엽기적인 그녀'는 '我的野蛮女友'라는 제목으로 변형하기도 했습니다. 물론 많지는 않지만 '아바타'를 '阿凡达'라고 한 것처럼 원어 발음 그대로 음역한 제목도 있습니다. 이처럼 기발하게 변형한 영화 제목만 봐도 중국인들의 상상력과 창의력은 대단한 것 같습니다.

*玩具 wánjù 장난감, 완구   *总动员 zǒngdòngyuán 총동원하다
*冰雪 bīngxuě 얼음과 눈   *奇缘 qíyuán 기이한 인연
*复仇 fùchóu 복수하다, 보복하다   *联盟 liánméng 연맹, 동맹
*绿巨人 lǜjùrén 헐크   *野蛮 yěmán 야만적이다   *阿凡达 āfándá 아바타

끝장 마무리 练习

1 다음 단어나 표현을 넣고 대화 연습을 해보세요.

① A: 你喜欢看什么样的电影？
   B: 我喜欢看 恐怖片。
              爱情片
              动作片
              惊悚片

惊悚片 jīngsǒngpiàn
스릴러 영화, 공포 영화

② A: 这部电影 你 看 了没有？
      这道菜   吃
      这句话   听
   B: 还没 看 呢。
          吃
          听

道 dào 요리를 세는 양사

③ A: 这是 在网上下载的 吧？
         在网上商场购买的
         在报纸上看的
         头痛时吃的
   B: 对。

网上商场
wǎngshàng shāngchǎng
온라인 쇼핑몰
报纸 bàozhǐ 신문
头痛 tóutòng
머리가 아프다, 두통
时 shí 때, 시기

2 그림을 보고 문장을 완성한 후 대화 연습을 해보세요.

A: ❶_____开始？

B: 时间还 ❷_____，电影还没开始呢。

A: 那我去买点 ❸_____。你想吃什么？

B: 我想吃爆米花和可乐。
啊，我把优惠券 ❹_____了。

3 우리말 뜻에 맞게 문장을 완성하세요.

❶ 너무 더워요! 정말 참을 수가 없네요.
➡ 好热啊！真_____。

❷ 나한테 공짜 표가 있어요.
➡ 我_____有免费票。

❸ 이건 간신히 다운받은 거예요.
➡ 这是_____下载的。

新HSK 모의고사 2급

二、阅读
第三部分

第 46-50 题

例如：
Xiànzài shì shíyī diǎn sānshí fēn, tāmen yǐjīng yóu le èrshí fēnzhōng le.
现在是11点30分，他们已经游了20分钟了。

Tāmen shíyī diǎn shí fēn kāishǐ yóuyǒng.
★ 他们11点10分开始游泳。　　　　　　　　　　(✓)

Wǒ huì tiào wǔ, dàn tiào de bù zěnmeyàng.
我会跳舞，但跳得不怎么样。

Wǒ tiào de fēicháng hǎo.
★ 我跳得非常好。　　　　　　　　　　　　　　(✗)

46.
Hǎo rè a! Zhēn shòubuliǎo le.
好热啊！真受不了了。

Wǒ zuì xǐhuan rè de tiānqì.
★ 我最喜欢热的天气。　　　　　　　　　　　　(   )

47.
Àiqíngpiàn、dòngzuòpiàn、kēhuànpiàn, wǒ dōu xǐhuan.
爱情片、动作片、科幻片，我都喜欢。

Wǒ xǐhuan kàn diànyǐng.
★ 我喜欢看电影。　　　　　　　　　　　　　　(   )

48.
Shíjiān hái zǎo, diànyǐng hái méi kāishǐ ne.
时间还早，电影还没开始呢。

Tā lái de hěn wǎn.
★ 他来得很晚。　　　　　　　　　　　　　　　(   )

49.
Zhè zhāng piào shì hǎo bù róngyì xiàzǎi de, yíqiè nǔlì chéng le túláo.
这张票是好不容易下载的，一切努力成了徒劳。

Zhè zhāng piào bù néng shǐyòng.
★ 这张票不能使用。　　　　　　　　　　　　　(   )

50.
Bùguǎn wǒ shénme shíhou huí jiā, māma zǒngshì zuò hǎo fàncài děng wǒ.
不管我什么时候回家，妈妈总是做好饭菜等我。

Māma měitiān wèi wǒ zuò hǎo fàncài.
★ 妈妈每天为我做好饭菜。　　　　　　　　　　(   )

*정답 및 해설은 240쪽에서 확인하세요.

19

恐怕包儿被小偷偷走了。
아마 도둑이 가방을 훔쳐간 것 같아요.

 **중국에서 공안과 경찰은 무엇이 다른가요?**

중국에서는 경찰을 '징차(警察)'라고 부르기도 하고, '궁안(公安)'이라고 부를 때도 있어서 혼란스러웠던 적이 있었을 것입니다. 중국에서 이렇게 두 가지 명칭이 쓰이는 이유는 국민당과 공산당이 대립중이던 1930년대로 거슬러 올라갑니다. 공산당은 국민당의 경찰 기관과 차이를 두기 위해 '궁안'이라는 명칭을 사용하였습니다. 하지만 1979년 개혁개방 정책 이후 '징차'라는 명칭이 널리 쓰이게 되면서 '궁안'과 '징차' 모두 사용하게 되었습니다.

현재 중국에서 자리잡은 개념으로는 중국 공안은 공안부, 공안국과 같이 치안, 호적, 수사, 교통을 담당하는 중국 정부 기관의 고유명칭으로 우리나라의 경찰청과 같은 개념입니다.
그리고 이 공안 안에서 각 업무를 담당하는 구성원을 '징차'이라고 합니다. 따라서 길에서 보는 중국 경찰은 '궁안'이 아니라 '징차'이라고 부르는 것이 정확한 표현입니다.

19

恐怕包儿被小偷偷走了。
Kǒngpà bāor bèi xiǎotōu tōu zǒu le.

■ 이번 과에서 배울 주요 표현을 살펴보세요.

被偷的还是丢的?
도둑맞은 건가요 아니면 잃어버린 건가요?

恐怕包儿被小偷偷走了。
아마 도둑이 가방을 훔쳐간 것 같아요.

只好下次再来。
다음 번에 다시 올 수 밖에 없네요.

이 과의 어법

\# 가능보어
\# 被구문

帮	bāng	돕다
包儿	bāor	가방
一瞬间	yíshùnjiān	순식간
消失	xiāoshī	사라지다, 없어지다
被	bèi	~에게, ~을 당하다
偷	tōu	훔치다, 도둑질하다
重要	zhòngyào	중요하다
钱包	qiánbāo	지갑
苹果小板	píngguǒ xiǎobǎn	아이패드
落	là	(뒤) 빠뜨리다
失物招领处	shīwùzhāolǐngchù	분실물 센터
恐怕	kǒngpà	아마 ~일 것이다
小偷	xiǎotōu	도둑
赶紧	gǎnjǐn	서둘러, 재빨리
报警	bào jǐng	경찰에 신고하다
重新	chóngxīn	새로이, 다시금
办理	bànlǐ	처리하다
等候	děnghòu	기다리다
填写	tiánxiě	써넣다, 기재하다
申请表	shēnqǐngbiǎo	신청서
存	cún	저장하다, 보관하다
U盘	Upán	USB 메모리
办不了	bànbuliǎo	처리할 수 없다
件	jiàn	건(일, 사건 등을 세는 단위)
洗	xǐ	인화하다, 현상하다, 씻다
唉	āi	휴(탄식하는 소리)
只好	zhǐhǎo	할 수 없이, 부득이
下次	xiàcì	다음 번

회화 끝.장.내.기   会话

■ 물건을 잃어버렸을 때

民浩 请帮帮我！我的包儿一瞬间就消失了。
Qǐng bāngbang wǒ! Wǒ de bāor yíshùnjiān jiù xiāoshī le.

唐薇 被偷的还是丢的？
Bèi tōu de háishì diū de?

民浩 我也不知道。怎么找也找不到。
Wǒ yě bù zhīdao. Zěnme zhǎo yě zhǎo bú dào.

唐薇 包儿里有什么重要的东西吗？
Bāor li yǒu shénme zhòngyào de dōngxi ma?

民浩 有钱包、护照、苹果小板。
Yǒu qiánbāo、hùzhào、píngguǒ xiǎobǎn.

唐薇 不是落在地铁上吗？你先到失物招领处找一找。
Bú shì là zài dìtiě shang ma? Nǐ xiān dào shīwù zhāolǐngchù zhǎo yi zhǎo.

民浩 我今天没坐地铁来。恐怕包儿被小偷偷走了。
Wǒ jīntiān méi zuò dìtiě lái. Kǒngpà bāor bèi xiǎotōu tōu zǒu le.

唐薇 那你赶紧报警吧！
Nà nǐ gǎnjǐn bào jǐng ba!

Plus 학습

◎ 경찰 및 증명서 관련

公安 gōng'ān 공안
公安局 gōng'ānjú 경찰국, 공안국
签证 qiānzhèng 비자
居留证 jūliúzhèng 거류증
学生证 xuéshēngzhèng 학생증
机动车驾驶证 jīdòngchē jiàshǐzhèng 자동차 면허증

■ 여권을 재발급 받을 때

民浩　　　　我的护照丢了，想重新办理一个。
　　　　　　Wǒ de hùzhào diū le, xiǎng chóngxīn bànlǐ yí ge.

办事处职员　请你先拿号，然后坐下等候。
　　　　　　Qǐng nǐ xiān ná hào, ránhòu zuò xià děnghòu.

民浩　　　　我想重新办理护照。
　　　　　　Wǒ xiǎng chóngxīn bànlǐ hùzhào.

办事处职员　请先填写申请表，还需要两张照片。
　　　　　　Qǐng xiān tiánxiě shēnqǐngbiǎo, hái xūyào liǎng zhāng zhàopiàn.

民浩　　　　我把照片存在U盘里了。
　　　　　　Wǒ bǎ zhàopiàn cún zài Upán li le.

办事处职员　那办不了这件事儿。
　　　　　　Nà bàn bu liǎo zhè jiàn shìr.

　　　　　　你把照片洗出来后在办吧。
　　　　　　Nǐ bǎ zhàopiàn xǐ chūlai hòu zài bàn ba.

民浩　　　　唉，没办法。只好下次再来。
　　　　　　Āi, méi bànfǎ. Zhǐhǎo xiàcì zài lái.

> OX 퀴즈

◎ 본문 내용과 일치하면 O, 틀리면 X를 하세요.

① 民浩把他的包儿落在地铁上了。　　　　　　(　　)
　　Mínhào bǎ tā de bāor là zài dìtiě shang le.

② 重新办理护照的话，需要申请表和两张照片。　(　　)
　　Chóngxīn bànlǐ hùzhào de huà, xūyào shēnqǐngbiǎo hé liǎng zhāng zhàopiàn.

어법 끝.장.내.기 语法

1 가능보어

가능보어는 진행되는 동작이나 동작의 실현 가능성을 보충 설명하는 역할을 한다. 주로 동사(구), 형용사, 방향보어가 가능보어로 쓰인다.

- 긍정형: 동사+得+가능보어/了
  今天作业不太多，一个小时写得完。
  Jīntiān zuòyè bú tài duō, yí ge xiǎoshí xiě de wán.

  这碗饭我一个人吃得了。
  Zhè wǎn fàn wǒ yí ge rén chī de liǎo.

> **TIP**
> 가능보어로 사용된 '了'는 'liǎo'라고 읽습니다.

*碗 wǎn 그릇, 공기(밥, 국 등 그릇에 담긴 것을 세는 단위)
*翻译 fānyì 번역하다, 통역하다
*篇 piān 편, 장(문장, 종이 등을 세는 단위)
*文章 wénzhāng 문장, 글

- 부정형: 동사+不+가능보어/了
  今天的作业我写不完。
  Jīntiān de zuòyè wǒ xiě bu wán.

  这么多菜，我一个人吃不了。
  Zhème duō cài, wǒ yí ge rén chī bu liǎo.

- 의문형: ~吗？/ 정반의문문 / 能~吗？(能不能~？)
  我用汉语翻译，你们听得懂吗？
  Wǒ yòng Hànyǔ fānyì, nǐmen tīng de dǒng ma?

  我用汉语翻译，你们听得懂听不懂？
  Wǒ yòng Hànyǔ fānyì, nǐmen tīng de dǒng tīng bu dǒng?

  我用汉语翻译，你们能听(得)懂吗？ ('得'는 생략 가능)
  Wǒ yòng Hànyǔ fānyì, nǐmen néng tīng (de) dǒng ma?

- 목적어가 있는 경우: 일반적으로 목적어는 가능보어 뒤에 온다. 단, 목적어가 길거나 강조하고 싶을 때는 문장 앞에 올 수 있다.
  我刚学几个月汉语，还看不懂中文报。
  Wǒ gāng xué jǐ ge yuè Hànyǔ, hái kàn bu dǒng Zhōngwén bào.

  这篇文章我看不懂。
  Zhè piān wénzhāng wǒ kàn bu dǒng.

2 被구문

'被'는 주어가 다른 사람이나 사물에 의해 이루어지는 행동이나 작용을 나타내는 '피동문'에 쓰인다. 주로 '被, 叫, 让, 给' 등이 쓰이는데, 이 중에서 '被'가 피동문을 대표하기 때문에 '被구문'이라고 부른다.

- 기본형: A(동작의 대상)+被+B(동작의 주체)+동사+기타성분
  我被妈妈骂了一顿。
  Wǒ bèi māma mà le yí dùn.

- 부정형: A+没+被+B+동사+기타성분
  我没被妈妈骂一顿。
  Wǒ méi bèi māma mà yí dùn.

TIP
* '被'는 주로 문어체에 사용되고, '叫, 让, 给' 등은 구어체에 사용됩니다.
* '被'구문에서 '被' 앞에 다른 상황어가 있는 경우를 제외하고는 동사 뒤에 '了/过'가 목적어에 와야 합니다.

'被' 등과 같은 단어를 사용하지 않고 피동을 나타내는 것을 '의미상 피동문'이라고 한다. 이때 문장의 주어로는 사물이 오고, 동사 뒤에는 보어, 조동사, 부사어가 쓰이거나 동태조사 '了/过/着'가 온다.

房间打扫干净了。 Fángjiān dǎsǎo gānjìng le.
衣服都挂着呢。 Yīfu dōu guà zhe ne.

* 骂 mà 꾸짖다, 욕하다
* 打扫 dǎsǎo 청소하다
* 挂 guà (고리나 못 따위에) 걸다, 걸리다

중국에서도 절대 하면 안 되는 음주운전, 酒后驾驶

최근 중국은 음주운전 사고가 급증하게 되자, 단속을 통해 처벌을 더욱 강화하기 시작하였습니다. 중국에서는 음주운전을 '酒后驾驶' 혹은 '酒后开车'라고 합니다. 말 그대로 술을 마신 후 운전을 한다는 뜻입니다.

중국에서 음주운전을 하다가 경찰 단속에 걸리면, 우리나라보다 훨씬 더 무거운 처벌을 받을 수도 있습니다. 혈중알코올농도가 0.02~0.08이면 음주운전으로 처벌하고, 0.08 이상일 경우에는 만취운전으로 더욱 엄중한 처벌을 받습니다. 한 가지 재미있는 것은 중국에서 음주운전으로 입건되면 먼저 휴대폰부터 압수한다고 합니다. 이는 처벌을 면하기 위해 인맥을 동원하는 것을 막기 위해서라고 합니다. 이것만 봐도 중국 정부가 음주운전 근절을 위해 얼마나 많은 노력을 기울이는지 알 수 있을 것 같습니다.

* 驾驶 jiàshǐ (자동차, 선박, 비행기 등을) 운전하다

끝장 마무리 练习

1 다음 단어나 표현을 넣고 대화 연습을 해보세요.

❶ A: 我的包儿一瞬间就消失了。怎么找也找不到。
   B: 被偷的还是丢的？
   　 你报警了吗
   　 你仔细找了吗
   　 这是你要找的吗

❷ A: 我想 重新办理护照。
   　　　 开个户
   　　　 申请签证延期
   　　　 把这个包裹寄到韩国
   B: 请你先拿号，然后坐下等候。

开户 kāi hù 계좌를 개설하다
申请 shēnqǐng 신청하다
延期 yánqī (기간을) 연장하다
包裹 bāoguǒ 소포
寄 jì 부치다, 보내다

❸ A: 请先填写申请表，还需要 两张照片。
   　　　　　　　　　　　　 居留证
   　　　　　　　　　　　　 毕业证书
   B: 我把 照片存在U盘里了。
   　　　 扫描件带来了
   　　　 复印件拿来了

毕业证书 bìyè zhèngshū 졸업증서
扫描件 sǎomiáojiàn 스캔본
复印件 fùyìnjiàn 복사본

2 그림을 보고 문장을 완성한 후 대화 연습을 해보세요.

A：请 ❶_____我！我的包儿一瞬间就消失了。

B：包儿里有什么 ❷_____的东西吗？

A：有 ❸_____、护照、苹果小板。

B：不是 ❹_____在地铁上吗？

3 우리말 뜻에 맞게 문장을 완성하세요.

❶ 아마 도둑이 가방을 훔쳐간 것 같아요.

➡ _____包儿被小偷偷走了。

❷ 그럼 이 일을 처리할 수 없어요.

➡ 那_____这件事。

❸ 다음 번에 다시 올 수 밖에 없네요.

➡ _____下次再来。

新HSK 모의고사 2급

二、阅读
第四部分

第 51-55 题

A　Wǒ jīntiān méi zuò dìtiě lái.
　　我今天没坐地铁来。

B　Wǒ bǎ zhàopiàn cún zài Upán li le.
　　我把照片存在U盘里了。

C　Yǒu qiánbāo、hùzhào、píngguǒ xiǎobǎn.
　　有钱包、护照、苹果小板。

D　Qǐng nǐ xiān ná hào, ránhòu zuò xià děnghòu.
　　请你先拿号，然后坐下等候。

E　Tā zài nǎr ne? Nǐ kànjiàn tā le ma?
　　他在哪儿呢？你看见他了吗？

F　Bèi tōu de háishì diū de?
　　被偷的还是丢的？

例如：Tā hái zài jiàoshì li xuéxí.
　　　他还在教室里学习。　　[E]

51. Wǒ de bāor yíshùnjiān jiù xiāoshī le.
　　我的包儿一瞬间就消失了。　　[ ]

52. Bāor li yǒu shénme zhòngyào de dōngxi ma?
　　包儿里有什么重要的东西吗？　　[ ]

53. Bú shì là zài dìtiě shang ma?
　　不是落在地铁上吗？　　[ ]

54. Wǒ de hùzhào diū le, xiǎng chóngxīn bànlǐ yí ge.
　　我的护照丢了，想重新办理一个。　　[ ]

55. Qǐng xiān tiánxiě shēnqǐngbiǎo, hái xūyào liǎng zhāng zhàopiàn.
　　请先填写申请表，还需要两张照片。　　[ ]

第 56-60 题

A　Méi bànfǎ, zhǐhǎo xiàcì zài lái.
　　没办法，只好下次再来。

B　Wǒ gāng xué jǐ ge yuè Hànyǔ, hái kàn bu dǒng Zhōngwén bào.
　　我刚学几个月汉语，还看不懂中文报。

C　Nǐ xiě wán zuòyè le ma?
　　你写完作业了吗？

D　Tā bèi māma mà le yí dùn.
　　他被妈妈骂了一顿。

E　Wǒ yì diǎnr yě tīng bu dǒng.
　　我一点儿也听不懂。

56. Nǐ bǎ zhàopiàn xǐ chūlai hòu zài bàn ba.
　　你把照片洗出来后再办吧。　　[ ]

57. Wǒ yòng Hànyǔ fānyì nǐ tīng de dǒng tīng bu dǒng?
　　我用汉语翻译你听得懂听不懂？　　[ ]

58. Tā zěnme le? Yǒu shénme shìr ma?
　　他怎么了？有什么事儿吗？　　[ ]

59. Nǐ kàn de dǒng Zhōngwén bào ma?
　　你看得懂中文报吗？　　[ ]

60. Jīntiān de zuòyè bú tài duō, yí ge xiǎoshí xiě de wán.
　　今天的作业不太多，一个小时写得完。　　[ ]

20

你的行李超重了。

당신의 짐은 중량 초과네요.

중국의 대표 공항은 어디인가요?

중국의 수도 베이징에 있는 서우두(首都) 국제공항은 베이징을 기점으로 120여 개의 도시를 연결하는 국제 허브 공항입니다. 2008년 베이징 올림픽을 위해 준공한 제3 터미널을 포함하여 총 3개의 터미널을 갖추고 있으며, 공항 이용객 수를 기준으로 보면 아시아 지역에서는 1위, 전 세계적으로는 2위를 차지하고 있습니다.

현재 베이징에는 서우두 국제공항 이외에도 중국에서 가장 오래된 공항인 난위안(南苑) 공항이 있지만, 이 두 개의 공항으로도 수요를 충당하지 못해 최근 신공항 건설에 착수하였습니다. 다싱(大兴) 국제공항이라 불리는 이 신공항은 2019년 완공을 목표로 지어지고 있고, 예상 건축 면적이 140만㎡에 달해 규모 면에서 세계 최대의 공항이 될 것으로 보입니다.

20 你的行李超重了。
Nǐ de xíngli chāozhòng le.

■ 이번 과에서 배울 주요 표현을 살펴보세요.

要在起飞三十分钟前到达登机口，免得您赶不上飞机。
비행기를 놓치지 않으려면, 이륙 30분 전에 탑승 게이트로 오셔야 해요.

你的行李超重了。
당신의 짐은 중량 초과네요.

我不得不交罚款。
어쩔 수 없이 벌금을 내야겠네요.

이 과의 어법
免得
赶不上
不得不

☐ 信息	xìnxī	정보, 소식
☐ 靠	kào	접근하다, 기대다
☐ 窗	chuāng	창, 창문
☐ 舱位	cāngwèi	자리, 좌석
☐ 过道	guòdào	통로, 복도
☐ 拥挤	yōngjǐ	붐비다, 혼잡하다
☐ 一边	yìbiān	한쪽, 한 편
☐ 累积	lěijī	누적하다
☐ 里程	lǐchéng	이정, 노정
☐ 免得	miǎnde	~하지 않도록
☐ 赶不上	gǎn bú shàng	따라잡지 못하다, 쫓아가지 못하다
☐ 起飞	qǐfēi	이륙하다
☐ 到达	dàodá	이르다, 도달하다
☐ 登机口	dēngjīkǒu	탑승 게이트
☐ 行李	xíngli	짐, 수화물
☐ 托运	tuōyùn	탁송하다
☐ 柜台	guìtái	카운터, 서비스 기관의 업무 창구
☐ 斜	xié	비스듬하다, 기울다
☐ 行李托运处	xíngli tuōyùnchù	수화물 취급소
☐ 上边	shàngbian	위쪽
☐ 超重	chāozhòng	(규정된) 중량을 초과하다
☐ 限重	xiànzhòng	무게를 제한하다
☐ 经济舱	jīngjìcāng	일반석, 이코노미석
☐ 不得不	bù dé bù	어쩔 수 없이, 부득이하게
☐ 交	jiāo	내다, 건네다
☐ 罚款	fákuǎn	벌금
☐ 申报	shēnbào	신고하다, 서면으로 보고하다
☐ 物品	wùpǐn	물품
☐ 登机牌	dēngjīpái	탑승권

☐ 中国东方航空公司
Zhōngguó dōngfāng hángkōng gōngsī
중국 동방 항공사

회화 끝.장.내.기 会话

■ 발권할 때

航空社职员 请告诉我您的预订号码。
Qǐng gàosu wǒ nín de yùdìng hàomǎ.

民浩 这是我的预订信息。
Zhè shì wǒ de yùdìng xìnxī.

航空社职员 您要靠窗的舱位还是靠过道的舱位？
Nín yào kào chuāng de cāngwèi háishì kào guòdào de cāngwèi?

民浩 我要不太拥挤的一边。
Wǒ yào bú tài yōngjǐ de yìbiān.

对了，顺便给我累积一下里程。
Duì le, shùnbiàn gěi wǒ lěijī yíxià lǐchéng.

航空社职员 好的。您要在起飞三十分钟前到达登机口，
Hǎo de. Nín yào zài qǐfēi sānshí fēnzhōng qián dàodá dēngjīkǒu,

免得赶不上飞机。
miǎnde gǎn bu shàng fēijī.

民浩 在哪儿办理行李托运？
Zài nǎr bànlǐ xíngli tuōyùn?

航空社职员 中国东方航空公司柜台的斜对面有行李托运处。
Zhōngguó dōngfāng hángkōng gōngsī guìtái de xié duìmiàn yǒu xíngli tuōyùnchù.

Plus 학습

◎ 항공 및 공항 서비스 관련

头等舱 tóuděngcāng 퍼스트 클래스
商务舱 shāngwùcāng 비즈니스 클래스
国际航班 guójì hángbān 국제선
国内航班 guónèi hángbān 국내선

出境手续 chūjìng shǒuxù 출국 수속
入境手续 rùjìng shǒuxù 입국 수속
出入境卡 chūrùjìngkǎ 출입국 카드
海关申报单 hǎiguān shēnbàodān 세관 신고서

■ 수화물을 부칠 때

民浩 这个行李我要托运。
Zhè ge xíngli wǒ yào tuōyùn.

航空社职员 请把行李放到上边。你的行李超重了。
Qǐng bǎ xíngli fàng dào shàngbian. Nǐ de xíngli chāozhòng le.

民浩 不会吧。行李限重是多少？
Bú huì ba. Xíngli xiànzhòng shì duōshao?

航空社职员 经济舱的行李限重是23公斤。
Jīngjìcāng de xíngli xiànzhòng shì èrshísān gōngjīn.

您的行李超重了8公斤。
Nín de xíngli chāozhòng le bā gōngjīn.

民浩 我不得不交罚款。
Wǒ bù dé bù jiāo fákuǎn.

航空社职员 托运的行李中有没有要申报的物品？
Tuōyùn de xíngli zhōng yǒu méiyǒu yào shēnbào de wùpǐn?

民浩 没有。
Méiyǒu.

航空社职员 手续办好了。请拿好您的登机牌和护照。
Shǒuxù bàn hǎo le. Qǐng ná hǎo nín de dēngjīpái hé hùzhào.

OX 퀴즈

◎ 본문 내용과 일치하면 O, 틀리면 X를 하세요.

① 民浩在办理登机手续。　　　（　　）
　　Mínhào zài bànlǐ dēngjī shǒuxù.

② 民浩的行李超重了23公斤。　　（　　）
　　Mínhào de xíngli chāozhòng le èrshísān gōngjīn.

어법 끝.장.내.기 语法

1 免得

'~하지 않도록'이라는 뜻으로 원하지 않는 일을 피하고자 하는 목적을 나타낸다.

茶叶很容易碎，请再包装一下，免得茶叶碎了。
Cháyè hěn róngyì suì, qǐng zài bāozhuāng yíxià, miǎnde cháyè suì le.

快穿上雨衣吧，免得淋湿你的衣服。
Kuài chuān shang yǔyī ba, miǎnde línshī nǐ de yīfu.

*茶叶 cháyè 찻잎
*碎 suì 부서지다, 깨지다
*雨衣 yǔyī 비옷
*淋湿 línshī 흠뻑 젖다

◎ 다음 문장에서 '免得'가 들어갈 알맞은 위치를 골라 보세요.

① 请 A 再包装 B 一下，C 杯子 D 碎了。
   Qǐng   zài bāozhuāng   yíxià,   bēizi   suì le.

② 你 A 带雨伞 B 去吧，C 淋湿 D 你的衣服。
   Nǐ   dài yǔsǎn   qù ba,   línshī   nǐ de yīfu.

2 赶不上

'따라잡지 못하다'라는 뜻으로 시간이 부족하여 정해진 시간에 맞추지 못함을 나타낸다.

我的功课赶不上他。
Wǒ de gōngkè gǎn bu shàng tā.

火车十分钟后就要开了，已经赶不上了。
Huǒchē shí fēnzhōng hòu jiù yào kāi le, yǐjīng gǎn bu shàng le.

> **TIP**
> 「동사+不+上」형태의 가능보어는 어떠한 동작이 일정한 정도에 미치지 못함을 나타냅니다.

*功课 gōngkè 공부, 학업

- 숙어처럼 사용되는 가능보어

  怪不得 guài bu de 어쩐지, 탓할 수 없다

  舍不得 shě bu de 아쉬워하다, 안타까워하다

  合得来/合不来 hé de lái / hé bu lái 마음이 맞다/마음이 맞지 않다

  忍得住/忍不住 rěn de zhù / rěn bú zhù 참을 수 있다/참을 수 없다

3 不得不

'할 수 없이, 부득이하게'라는 뜻으로 원하지는 않지만, 상황에 의해 어쩔 수 없이 행해짐을 나타낸다. '不得不'는 부사어로 주로 동사나 형용사 앞에 쓰인다.

看面子，他不得不答应了。
Kàn miànzi, tā bù dé bù dāying le.

由于工作的关系，他们不得不暂时分手。
Yóuyú gōngzuò de guānxi, tāmen bù dé bù zànshí fēnshǒu.

*面子 miànzi 체면, 면목
*答应 dāying 동의하다, 대답하다
*由于 yóuyú ~로 인하여, ~때문에
*关系 guānxi 관계
*暂时 zànshí 잠시, 잠깐

◎ 다음 문장의 우리말 뜻을 써보세요.

① 我不得不交罚款。　　＿＿＿＿＿＿＿＿＿＿＿＿＿＿＿．
　　Wǒ bù dé bù jiāo fákuǎn.

② 由于工作的关系，她不得不回国。
　　Yóuyú gōngzuò de guānxi, tā bù dé bù huíguó.
　　＿＿＿＿＿＿＿＿＿＿＿＿＿＿＿＿＿＿．

중국에서 스튜어디스는 空姐, 그럼 스튜어드는?

중국에서 항공사 여자 승무원을 '하늘 위의 아가씨'라는 뜻의 '空姐('空中小姐'의 약칭)'라고 부르는 것은 다들 알고 있을 겁니다. 하지만 남자 승무원을 어떻게 부를까요?. 중국에서 항공사 남자 승무원은 '空少('空中少爷'의 약칭)'라고 부릅니다. 최근에는 '空姐'와 상반되게 '空哥'라는 호칭도 생겨났지만, 일반적으로 잘 사용하지는 않습니다. 그리고 우리나라 KTX 승무원처럼 중국도 고속열차 승무원이 있는데, 중국에서는 이들을 '高姐'라고 부릅니다. 이들은 항공사 승무원 못지않게 엄격한 심사를 통해 선발된 미모와 재능을 겸비한 여성들이라고 합니다.

*空中小姐 kōngzhōng xiǎojiě 여승무원, 스튜어디스
*空中少爷 kōngzhōng shàoye 남승무원, 스튜어드
*空哥 kōnggē 남승무원, 스튜어드　　*高姐 gāojiě 고속열차 여승무원

끝장 마무리 练习

1 다음 단어나 표현을 넣고 대화 연습을 해보세요.

① A: 你要 靠窗的舱位 还是 靠过道的舱位？
　　　　 单程的　　　　　往返的
　　　　 头等舱　　　　　商务舱
　 B: 我要 靠窗的舱位。
　　　　 单程的
　　　　 商务舱

国际漫游 guójì mànyóu 국제 로밍
外币 wàibì 외화, 외국 화폐
兑换 duìhuàn 환전하다
业务 yèwù 업무
移动通信 yídòngtōngxìn 이동 통신
营业厅 yíngyètīng 영업점
外币兑换处 wàibì duìhuànchù 환전소

② A: 在哪儿办理 行李托运？
　　　　　　 国际漫游服务
　　　　　　 外币兑换业务
　 B: 前面有 行李托运处。
　　　　　 移动通信营业厅
　　　　　 外币兑换处

③ A: 行李限重是多少？
　 B: 经济舱的行李 限重是 23公斤。
　　　 商务舱的行李　　　　32公斤
　　　 国内航班行李　　　　20公斤
　　　 手提行李　　　　　　5公斤

手提 shǒutí 휴대하다, 휴대형의

2 그림을 보고 문장을 완성한 후 대화 연습을 해보세요.

A : 请 ❶_____我您的预订号码。

B : 这是我的预订 ❷_____。

A : 手续办好了。您要在起飞三十分钟前到达登机口，❸_____赶不上飞机。

B : 在哪儿 ❹_____行李托运？

3 우리말 뜻에 맞게 문장을 완성하세요.

❶ 마일리지 적립도 해주세요.

➡ _____给我累积一下里程。

❷ 당신의 짐은 8kg 초과했어요.

➡ 你的行李_____了8公斤。

❸ 할 수 없이 벌금을 내야겠네요.

➡ 我_____交罚款。

종합테스트 考试

1 녹음을 듣고 대화 내용에 알맞은 그림을 고르세요. MP3 092

 ⓐ
 ⓑ
 ⓒ
 ⓓ

❶ _____   ❷ _____   ❸ _____

2 주어진 단어가 들어갈 알맞은 위치를 고르세요.

❶ 要是

A 便宜　B 的话，　C 我就　D 签约了。
　piányi　　de huà,　　wǒ jiù　　qiānyuē le.

❷ 不能

这张　A 优惠券　B 已经　C 过期了，D 使用。
Zhè zhāng　yōuhuìquàn　yǐjīng　　guòqī le,　　shǐyòng.

❸ 被

A 恐怕　B 包儿　C 小偷儿　D 偷走了。
　kǒngpà　　bāor　　xiǎotōur　　tōu zǒu le.

3 주어진 단어를 알맞게 배열하여 다음 대화를 완성해 보세요.

❶ 浅棕色 / 挺 / 这种 / 你的 / 适合
   qiǎn zōngsè tǐng zhè zhǒng nǐ de shìhé

A: 染什么颜色最好看？
   Rǎn shénme yánsè zuì hǎokàn?

B: 我看 _____。
   Wǒ kàn

❷ 不是 / 而是 / 一室一厅的 / 这 / 单间的
   bú shì ér shì yí shì yì tīng de zhè dānjiān de

A: 这套房子是单间的吗？
   Zhè tào fángzi shì dānjiān de ma?

B: _____。

4 우리말 뜻에 맞게 빈칸을 채워보세요.

❶ 이건 간신히 다운받은 건데, 헛수고가 됐네요.

这是 _____ 下载的，一切努力成了徒劳了。
Zhè shì   xiàzǎi de, yíqiè nǔlì chéng le túláo le.

❷ 아무리 찾아도 찾을 수가 없네요.

怎么找也 _____。
Zěnme zhǎo yě

5 다음 우리말을 중국어로 바꿔 보세요.

❶ 집 한 채를 세 얻으려고요.   _____。

❷ 이 짐을 부치려고 해요.   _____。

종합테스트

6 그림을 보고 상황에 맞게 대화를 나눠보세요.

❶

A : _____

B : _____

❷

A : _____

B : _____

7 제시된 우리말에 해당하는 중국어 문장을 아래의 퍼즐 판에서 찾아보세요.

	这				这		手
	是			我	剪	儿	续
我	免	你	想	短	再	单	办
的	贵	满	租	一	弄	间	好
预	姓	意	房	些	是	的	了
订	金	吗	子	吧	没	问	题
还	没	看	呢	欢	迎	光	临
只	好	下	次	再	来	照	镜	子
		老	太	太	真	受	不	了	了
				房	租		

예) 제 성씨는 김입니다.
1. 좀 짧게 잘라주세요.
2. 정말 참을 수 없네요.
3. 다음 번에 다시 올 수 밖에 없네요.
4. 절차가 다 끝났어요.

부록

해석 및 참고 답안

해석 및 참고 답안

1과 我怎么称呼您呢?
제가 당신을 어떻게 부르면 될까요?

I 회화 I

〈첫인사할 때〉
린린: 안녕하십니까!
탄종: 안녕하세요! 성씨가 어떻게 되십니까?
린린: 제 성씨는 장입니다. 당신은요?
탄종: 저는 탄 씨예요. 제가 당신을 어떻게 부를까요?
린린: 저를 '샤오장'이라고 부르시면 돼요.
　　　탄 사장님, 만나 뵙게 되어 영광입니다.
탄종: 우리 이후에도 자주 연락합시다.

〈출신지를 물을 때〉
탄종: 샤오장, 당신은 어디 사람인가요?
린린: 저는 청두 사람이에요.
탄종: 어! 이렇게 공교로울수가? 저도 청두 사람이에요.
린린: 정말이요? 우리는 같은 고향 사람이네요.
탄종: 우리 이후에도 자주 만납시다.

I OX퀴즈 I

〈해석〉
① 린린의 성씨는 장이에요.
② 그들 모두는 청두 사람이에요.
〈정답〉 ① O　　② O

I 어법 I

2 의문대명사
〈예문 해석〉
주말에 어디 가는 것이 좋을까요?
이 휴대폰은 어디가 고장난 건가요?
〈정답〉 ① 你是哪里人?　　② 明天去哪里好?

3 이합사
〈예문 해석〉
우리는 한 번 만난 적이 있어요.
그녀들은 한 시간 동안 이야기를 했어요.
〈정답〉 ① 我们以后常见面吧。　　② 他们见过三次面。

I 연습 I

1 〈해석〉
① A : 제가 당신을 어떻게 부르면 될까요?
　　B : 저를 '샤오장'이라고 부르시면 돼요.
② A : 만나 뵙게 되어 영광입니다.
　　B : 우리 이후에도 자주 연락합시다.
③ A : 당신은 어디 사람인가요?
　　B : 저는 청두 사람이에요.

2 〈정답〉 ① 怎么　② 叫　③ 哪里　④ 的

〈해석〉
A : 제가 당신을 어떻게 부르면 될까요?
B : 저를 '샤오장'이라고 부르시면 돼요.
A : 당신은 어디 사람인가요?
B : 저는 청두 사람이에요.

3 〈정답〉 ① 免　② 老乡　③ 常

I 新HSK 듣기 제1부분 I

〈듣기 대본〉

第一部分
一共10个题,每个题听两遍。
例如: 我们家有三口人。
我每天坐公共汽车去上班。
现在开始第一题:
1. 您好!　　　　　　2. 我姓谭。
3. 免贵姓张。　　　　4. 您叫我小张就行。
5. 幸会幸会。　　　　6. 我是成都的。
7. 我们是老乡啊。　　8. 我们以后常联系吧。
9. 我帮朋友的忙。　　10. 这个手机坏了。

〈해석〉
제 1부분
모두 10문제이고, 매 문제는 2번씩 들려드립니다.
예: 저희 가족은 3명이에요. /
　　나는 매일 버스를 타고 출근해요.
지금부터 1번 문제를 시작합니다.
1. 안녕하세요!
2. 저는 탄 씨예요.
3. 제 성씨는 장이에요.
4. 저를 '샤오장'이라고 부르시면 돼요.
5. 만나 뵙게 되어 영광이에요.
6. 저는 청두 사람이에요.
7. 우리는 같은 고향 사람이네요.
8. 우리 이후에도 자주 만납시다.
9. 저는 친구를 도와주었어요.
10. 이 휴대폰은 고장이 났어요.
〈정답〉 1. √　2. X　3. X　4. √　5. X
　　　　 6. X　7. √　8. √　9. X　10. X

2과 明天几点叫醒您?
내일 몇 시에 모닝콜 해드릴까요?

I 회화 I

〈호텔 체크인할 때〉
민호: 안녕하세요! 체크인하려고요.
직원: 예약하셨나요?
민호: 싱글룸 하나 예약했어요.

직원: 여권 좀 보여주실 수 있나요?
민호: 네. 조용한 방으로 부탁해요.
직원: 알겠습니다.
민호: 제가 예약한 방은 조식 포함인가요?
직원: 조식 포함이에요. 여기 객실 카드를 받으세요.
〈모닝콜을 요청할 때〉
민호: 모닝콜 서비스를 부탁합니다.
직원: 내일 몇 시에 모닝콜 해드릴까요?
민호: 아침 6시에 모닝콜 해주세요.
직원: 몇 호실 인가요?
민호: 1509호예요.

OX퀴즈

〈해석〉
① 민호는 싱글룸을 예약했어요.
② 민호는 내일 오전 6시 30분에 기상하기를 원해요.
〈정답〉 ① O ② X

어법

1 동사/개사 给
〈예문 해석〉
물 한잔 부탁드려요.
그녀가 나에게 여자친구를 소개시켜주었어요.
〈정답〉 ① A ② B

2 조동사 能
〈예문 해석〉
그는 중문 신문을 읽을 수 있어요.
여기서 담배를 피워도 될까요?
〈정답〉 ① 당신의 여권을 보여 주실 수 있나요?
       ② 여기에 앉아도 되나요?

3 是~的 구문
〈예문 해석〉
(긍정) 그녀의 동생이 어제 왔어요.
(부정) 그는 비행기를 타고 온 것이 아니라 기차를 타고 왔어요.
(의문) 이 요리는 당신이 만든 것인가요? /
       이 요리는 누가 만든 것인가요?
〈정답〉 ① 是包含早餐的。 ② 他是坐地铁来的。

연습

1 〈해석〉
① A : 예약하셨나요?
   B : 싱글룸 하나 예약했어요.
② A : 조용한 방으로 부탁해요.
   B : 알겠습니다.
③ A : 모닝콜 서비스를 부탁합니다.
   B : 내일 몇 시에 모닝콜 해드릴까요?
2 〈정답〉 ① 办理 ② 能 ③ 是 ④ 拿

〈해석〉
A : 체크인하려고요.
B : 여권 좀 보여주실 수 있나요?
A : 네. 제가 예약한 방은 조식 포함인가요?
B : 네. 여기 객실 카드를 받으세요.
3 〈정답〉 ① 预订 ② 房间 ③ 叫醒

新HSK 듣기 제2부분

〈듣기 대본〉
第一部分
一共10个题，每个题听两遍。
例如：女：你喜欢什么运动？
　　　男：我最喜欢踢足球。
现在开始第11到15题：
11. 女：您预订了吗？
　　男：我预订了一个单人间。
12. 女：能看一下您的护照吗？ 男：好的。
13. 女：我预订的房间是包含早餐的吗？
　　男：是包含早餐的。
14. 女：明天几点叫醒您？
　　男：请早上六点叫醒我。
15. 女：您的房间号是多少？ 男：1501号。
现在开始第16到20题：
16. 女：您要什么？ 男：请给我一杯水。
17. 女：这儿能抽烟吗？ 男：不行。
18. 女：你能看中文报吗？ 男：能看。
19. 女：你是坐飞机来的吗？
　　男：我不是坐飞机来的，是坐火车来的。
20. 女：这个菜是谁做的？
　　男：是我妈妈做的。

〈해석〉
제 2부분
모두 10문제이고, 매 문제는 2번씩 들려드립니다.
예: 당신은 어떤 운동은 좋아하시나요?
    저는 축구를 좋아해요.
지금부터 11-15번 문제를 시작합니다.
11. 여: 예약하셨나요? 남: 싱글룸 하나 예약했어요.
12. 여: 여권 좀 보여주실 수 있나요? 남: 네.
13. 여: 제가 예약한 방은 조식 포함인가요?
    남: 조식 포함이에요.
14. 여: 내일 몇 시에 모닝콜 해드릴까요?
    남: 아침 6시에 모닝콜 해주세요.
15. 여: 방 번호가 어떻게 되시나요?
    남: 1501호예요.
지금부터 16-20번 문제를 시작합니다.

해석 및 참고 답안

16. 여: 무엇을 원하십니까?
    남: 물 한잔 부탁드려요.
17. 여: 여기서 담배를 피워도 될까요?
    남: 안돼요.
18. 여: 중문 신문 읽을 수 있으세요?
    남: 네, 읽을 수 있어요.
19. 여: 당신은 비행기 타고 오신 건가요?
    남: 저는 비행기를 타지 않고 기차를 타고 왔어요.
20. 여: 이 요리는 누가 만든 것인가요?
    남: 어머니께서 만드신 요리예요.
〈정답〉 11. C 12. B 13. E 14. F 15. A
       16. A 17. D 18. C 19. B 20. E

3과 我要把韩元换成人民币。
원화를 인민폐로 바꾸려고요.

| 회화 |

〈위치와 거리를 물을 때〉
민호: 환전하려고 하는데, 이 근처에 은행이 있나요?
직원: 이 근처에 중국은행이 있어요.
민호: 호텔에서 은행까지 얼마나 먼가요?
직원: 은행은 호텔에서 그다지 멀지 않아요. 100m도 안돼요.
민호: 어느 쪽으로 가나요?
직원: 여기에서 쭉 앞으로 가다가, 사거리에서 오른쪽으로 도세요.
민호: 정말 감사합니다!
직원: 별말씀을요!

〈환전할 때〉
은행 직원: 무슨 일을 처리하실건가요?
민호: 원화를 인민폐로 바꾸려고요.
은행 직원: 얼마나 바꾸시겠어요?
민호: 50만 원을 바꾸려고요.
은행 직원: 이 표를 작성해 주세요.

| OX퀴즈 |

〈해석〉
① 호텔 근처에는 은행이 없어요.
② 민호는 인민폐를 원화로 환전할 거예요.
〈정답〉 ① X ② X

| 어법 |

1 从A到B
〈예문 해석〉
집에서 학교까지 5분 거리예요.
그는 매일 아침부터 저녁까지 모두 바빠요.
〈정답〉 ① 从饭店到银行只要五分钟。
       ② 从星期一到星期五都很忙。

2 의문부사 多
〈예문 해석〉
그는 키가 얼마나 되나요?
이 짐은 얼마나 무거운가요?
〈정답〉 ① 离这儿有多远？ ② 个子多高？

3 부정부사
〈예문 해석〉
농담하지 마세요!
그렇게 화내지 마세요!
〈정답〉 ① 사양하지 마세요! (별 말씀을요!)
       ② 농담하지 마세요!

| 연습 |

1 〈해석〉
① A : 호텔에서 은행까지 얼마나 먼가요?
   B : 100m도 안돼요.
② A : 어느 쪽으로 가나요?
   B : 여기서 계속 쭉 가시면 됩니다.
③ A : 무슨 일을 처리하실 건가요?
   B : 원화를 인민폐로 바꾸려구요.
2 〈정답〉 ① 换成 ② 多少 ③ 韩元 ④ 填
〈해석〉
A : 원화를 인민폐로 환전하려고 해요.
B : 얼마를 환전하고 싶으세요?
A : 50만원을 환전하고 싶어요.
B : 이 서류를 작성해 주세요.
3 〈정답〉 ① 换钱 ② 多远 ③ 往

| 新HSK 듣기 제3부분 |

〈듣기 대본〉

第三部分
一共10个题，每个题听两遍。
例如：男：小王，这里有几个杯子，哪个是你的？
      女：左边那个红色的是我的。
      问：小王的杯子是什么颜色的？
现在开始第21题：
21. 男：我想换钱，这附近有没有银行？
    女：有。
    问：男的要去哪儿？
22. 男：学校离这儿远吗？ 女：不太远
    问：学校离这儿远不远？
23. 男：从饭店到银行有多远？
    女：银行离饭店不远，要十分钟就到了。
    问：从饭店到银行要多长时间？
24. 男：请问，北京站往哪边走？
    女：从这儿一直往前走。
    问：北京站在哪儿？

25. 男：前门怎么走？女：向东走。
　　问：他们在哪儿？
26. 男：您要办什么？
　　女：我要把韩元换成人民币。
　　问：女的要做什么？
27. 男：要换多少？
　　女：要换五十万韩元。
　　问：女的要换多少韩元？
28. 男：我要换一百万韩元。
　　女：请您填一下这张表。
　　问：男的在哪儿换钱？
29. 男：您最近忙吗？
　　女：我每天从早到晚都很忙。
　　问：女的最近忙不忙？
30. 男：请多吃，别客气。
　　女：太感谢您了。
　　问：他们在做什么？

〈해석〉
제 3부분
모두 10문제이고, 매 문제는 2번씩 들려드립니다.
예: 남: 샤오왕, 여기 컵이 있는데 어떤 것이 당신의 것인가요?
　　여: 왼쪽에 그 빨간색이 제 거예요.
　　질문: 샤오왕의 컵은 무슨 색인가요?

지금부터 21번 문제를 시작합니다.
21. 남: 제가 환전을 좀 하고 싶은데 근처에 은행이 있나요?
　　여: 네 있어요.
　　질문: 남자는 어디를 가려고 합니까?
22. 남: 학교는 여기서 먼가요?
　　여: 그다지 멀지 않아요.
　　질문: 이곳에서 학교는 멉니까?
23. 남: 식당에서 은행까지 얼마나 먼가요?
　　여: 은행은 식당에서 멀지 않아요. 10분이면 도착해요.
　　질문: 식당에서 은행까지 시간이 얼마나 걸리나요?
24. 남: 말씀 좀 물을게요, 베이징역을 가려면 어느 쪽으로 가야하나요?
　　여: 여기서 앞으로 쭉 가시면 돼요.
　　질문: 베이징역은 어디 있나요?
25. 남: 치엔먼은 어떻게 가야하나요?
　　여: 동쪽으로 가시면 돼요.
　　질문: 그들은 어디에 있나요?
26. 남: 어떤 업무를 보고 싶으신가요?
　　여: 저는 원화를 인민폐로 환전하려고 해요.
　　질문: 여자는 무엇을 하려고 합니까?
27. 남: 얼마나 환전을 하려고 하시나요?
　　여: 50만원을 환전하려고 해요.
　　질문: 여자는 얼마를 환전하려고 하나요?
28. 남: 저는 100만원을 환전하려고 해요.
　　여: 이 서류를 작성해 주세요.
　　질문: 남자는 어디서 환전을 하려고 하나요?
29. 남: 요즘 바쁘나요?
　　여: 요즘 아침, 저녁으로 너무 바빠요.
　　질문: 여자는 요즘 바쁜가요?
30. 남: 신경 쓰지 마시고 많이 드세요.
　　여: 너무 감사합니다.
　　질문: 그들은 무엇을 하고 있나요?

〈정답〉21. C　22. C　23. A　24. A　25. B
　　　26. B　27. B　28. B　29. A　30. C

4과　我差点儿忘了。
하마터면 잊을 뻔했네요.

| 회화 |

〈전화가 잘 안 들릴 때〉
린린: 여보세요, 민호에요?
민호: 린린, 무슨 일로 전화했어요?
린린: 우리 오늘 만나기로 약속하지 않았나요?
민호: 하마터면 잊을 뻔했네요. 우리 어디서 만날까요?
린린: 우리 오후에 치엔먼에서 만나요.
민호: 여보세요, 여보세요, 잘 안 들려요.
린린: 연결 상태가 좋지 않으니, 문자로 어디서 만날지 알려 줄게요.

〈문자 메시지를 보낼 때〉
린린: 우리 오늘 오후에 치엔먼 스타벅스에서 만나요.
민호: 제가 그쪽 지역이 익숙하지 않아요.
린린: 그럼 우리 먼저 치엔먼 역 C 출구에서 만나서 같이 가는 게 어때요?
민호: 폐를 끼치네요. 몇 시에 만날까요?
린린: 5시 30분, 괜찮나요?
민호: 괜찮아요. 좀 이따봐요.

| OX퀴즈 |

〈해석〉
① 민호는 치엔먼을 잘 몰라요.
② 그들은 내일 오후 5시30분에 만날거예요.
〈정답〉① O　② X

| 어법 |

1 반어문 不是~吗?
〈예문 해석〉
우리 이미 약속이 된 거 아닌가요?
당신은 그 지역을 가보지 않았나요?
〈정답〉① 我们不是约好今天见面了吗?
　　　② 你不是去过中国吗?

2 부사 差点儿

해석 및 참고 답안

〈예문 해석〉
거의 살 뻔 했어요.
하마터면 못 살 뻔 했네요.
지각할 뻔 했어요.
하마터면 지각할 뻔 했네요.
3 개사 对
〈예문 해석〉
① 저는 그에게 많은 얘기를 했어요.
② 저는 이 사건에 대해 의견이 있어요.
〈정답〉① A   ② B

l 연습 l

1 해석
① A : 우리 오늘 만나기로 이미 약속하지 않았나요?
   B : 하마터면 잊을 뻔했네요.
② A : 우리 어디서 만날까요?
   B : 우리 오후에 치엔먼에서 만나요.
③ A : 5시 30분, 괜찮나요?
   B : 괜찮아요. 조금 이따봐요.
2 〈정답〉① 见面 ② 对 ③ 然后 ④ 麻烦
〈해석〉
A : 우리 오후에 치엔먼에서 만나요.
B : 제가 그쪽 지역이 익숙하지가 않아요.
A : 그럼 우리 먼저 치엔먼역 C출구에서 만나서 같이 가는 게 어때요?
B : 폐를 끼치네요.
3 〈정답〉① 不是 ② 差点儿 ③ 清楚

l 新HSK 듣기 제1부분 l

〈듣기 대본〉
第四部分
一共5个题，每个题听两遍。
例如：女：请在这儿写您的名字？
　　　男：是这儿吗？
　　　女：不是，是这儿。
　　　男：好，谢谢。
　　　问：男的要写什么？
现在开始第31题：
31. 女：喂，是小金吗？
　　男：琳琳，你打电话来有什么事？
　　女：我们今天不是约好见面了吗？
　　男：我差点儿忘了。
　　问：他们在做什么？
32. 女：咱们在哪儿见面呢？
　　男：咱么下午在王府井见面吧。
　　女：好的。几点见面？
　　男：差一刻六点。不见不散！
　　问：他们几点见面？
33. 女：咱们今天下午在前门的星巴克见吧。
　　男：我对那儿还不熟悉。
　　女：那我们先在前门站见面，然后一起过去，怎么样？
　　男：麻烦你了。
　　问：他们先在哪儿见面？
34. 女：这个假期你有什么打算？
　　男：我要去中国的哈尔滨。
　　女：你不是去过中国吗？
　　男：我去过三次，可是哈尔滨没去过。
　　问：男的去过几次中国？
35. 女：你怎么了？
　　男：我差点儿迟到了。路上车太多了。
　　女：你怎么不坐地铁呀？
　　男：我家离地铁站很远，不方便。
　　问：男的是怎么来的？

〈해석〉
제 4부분
모두 5문제이고, 매 문제는 2번씩 들려드립니다.
예: 여: 여기에 당신의 이름을 써 주세요.
　　남: 여기에요?
　　여: 아니요, 여기에요.
　　남: 네, 고마워요.
　　질문: 남자는 무엇을 쓰려고 합니까?
지금부터 31번 문제를 시작합니다.
31. 여: 여보세요, 샤오진 인가요?
　　남: 린린, 무슨일 이에요?
　　여: 우리 오늘 만나기로 한거 아닌가요?
　　남: 하마터면 잊을 뻔 했네요.
　　질문: 그들은 무엇을 하고 있습니까?
32. 여: 우리 어디서 만날까요?
　　남: 우리 오후에 왕푸징에서 만나요.
　　여: 좋아요, 몇 시에 만날까요?
　　남: 11시45분에 만나요.
　　질문: 그들은 몇 시에 만납니까?
33. 여: 우리 오후에 치엔먼에 있는 스타벅스에서 만나요.
　　남: 제가 그 지역을 잘 몰라요.
　　여: 그러면 우리 우선 치엔먼 역에서 만나서 같이 가는건 어때요?
　　남: 폐를 끼치네요.
　　질문: 그들은 우선 어디서 만납니까?
34. 여: 이번 휴일에 어떤 계획 있어요?
　　남: 저는 중국의 하얼빈을 가려고 해요.
　　여: 중국에 가보지 않았어요?

남: 세 번 가봤는데 하얼빈은 가보지 않았어요.
　　질문: 남자는 중국에 몇 번 가봤나요?
35. 여: 무슨 일이에요?
　　남: 하마터면 지각할 뻔 했네요. 차가 많이 막혔어요.
　　여: 왜 지하철을 타지 않았나요?
　　남: 집에서 지하철역까지 너무 멀어서 불편해요.
　　질문: 남자는 어떻게 왔나요?
〈정답〉 31. A　 32. C　 33. C　 34. B　 35. B

5과 我可能会晚点儿到。
저는 늦게 도착할 것 같아요.

| 회화 |
〈차가 막힐 때〉
민호: 치엔먼 역으로 가주세요.
택시기사: 알겠습니다. 안전띠를 매세요.
민호: 지금은 러시아워도 아닌데, 왜 이렇게 길이 막히죠?
택시기사: 전방에 도로 보수 중이에요.
민호: 큰일이다! 벌써 5시인데, 늦게 도착하겠는걸.
택시기사: 이럴바에야 지하철로 갈아타는 것이 낫겠어요.
민호: 아저씨, 여기 아무 데나 좀 세워주세요.
〈지하철을 갈아탈 때〉
〈길에서〉
민호: 지하철역 입구는 어디인가요?
행인1: 길 건너편에 있어요.
〈지하철역에서〉
민호: 표는 어디에서 사나요?
행인2: 앞쪽에 매표소가 있어요.
〈지하철역 안에서〉
민호: 다음 역은 무슨 역이에요?
행인3: 허핑먼 역이요.
민호: 망했다, 역을 지나쳤어!

| OX퀴즈 |
〈해석〉
① 민호는 지하철로 갈아탈 거예요.
② 다음역은 치엔먼 역이에요.
〈정답〉 ① O　 ② X

| 어법 |
1 부사 可能
〈예문 해석〉
① 그는 아마 그 일을 알지 못할 거예요.
② 내가 보기에 이것은 불가능한 일이에요.
〈정답〉 ① 그는 아마 오지 않을 거예요.
　　　 ② 그것은 불가능한 일이에요.
2 与其A不如B
〈예문 해석〉
① 당신이 갈 바에야 차라리 내가 가는 것이 낫겠어요.

② 집에서 빈둥거릴 바에야 차라리 나가서 걷는 것이 낫겠어요.
〈정답〉 ① B　 ② C
3 존재를 나타내는 동사 在와 有
〈예문 해석〉
당신의 중국어 사전이 책꽂이에 있어요.
학교 옆에 우체국이 있어요.
〈정답〉 ① 地铁站在路对面。 ② 桌子上有一本汉语词典。

| 연습 |
1 〈해석〉
① A: 저는 아마 좀 늦게 도착할거 같아요.
　 B: 이럴바에야 지하철로 갈아타는 것이 낫겠어요.
② A: 지하철역 입구는 어디인가요?
　 B: 길 건너편에 있어요.
③ A: 표는 어디에서 사나요?
　 B: 앞쪽에 매표소가 있어요.
2 〈정답〉 ① 堵　 ② 正在　 ③ 可能　 ④ 不如
〈해석〉
A: 오늘 왜 이렇게 차가 막히는 거예요?
B: 전방에 도로 수리 중이에요
A: 이런! 벌써 5시인데, 아마 늦게 도착할 것 같아요.
B: 이럴바에야 지하철로 갈아타서 가는 것이 낫겠어요.
3 〈정답〉 ① 停　 ② 哪　 ③ 过

| 종합TEST |
1 〈녹음 내용〉
① 男: 我怎么称呼你呢？ 女: 您叫我小张就行。
② 男: 要换多少？ 女: 要换一百万韩元。
③ 男: 咱么在哪儿见面呢？
　 女: 咱们下午在前门见面吧。
〈정답〉 ① b　 ② c　 ③ a
2 〈정답〉 ① A　 ② D　 ③ B
3 〈정답〉 ① 以后常联系吧。　 ② 几点叫醒您？
〈해석 ①〉
A: 반가워요.
B: 우리 앞으로 자주 연락해요.
〈해석 ②〉
A: 모닝콜 서비스를 신청하고 싶어요.
B: 내일 몇 시에 깨워드릴까요?
4 〈정답〉 ① 差点儿　 ② 不如
5 〈정답〉 ① 你是哪里人？　 ② 往哪边走？
6 〈정답〉
① A: 您预订了吗？　　　 B: 我预订了一个单人间。
　 A: 能看一下您的护照吗？ B: 好的。
② A: 您要办什么？　　　　B: 我要把韩元换成人民币。
　 A: 要换多少？　　　　　B: 要换五十万韩元。

해석 및 참고 답안

7 〈정답〉

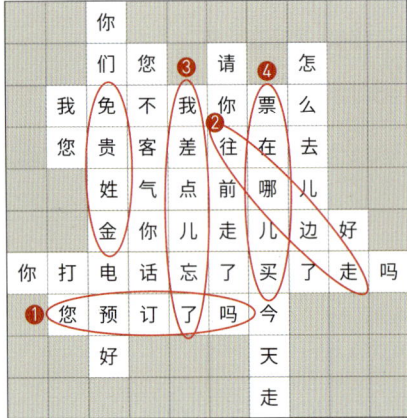

6과 这边的商品最受欢迎.
이쪽 제품이 가장 인기가 많아요.

| 회화 |

〈물건을 살 때〉
민호: 좀 볼 수 있을까요?
판매원: 네. 어느 분이 신으실 건가요?
민호: 내 여자친구요. 생일 선물로 주려고요.
판매원: 이쪽 상품이 가장 인기가 많아요.
민호: 저 신발을 좀 보여주세요.
판매원: 치수가 몇인가요?
민호: 38호예요. 선물 포장 좀 해주세요.

〈할인 상품을 살 때〉
린린: 이거 할인되나요?
판매원: 멤버십 카드가 있으면 할인돼요.
린린: 몇 퍼센트 할인되나요?
판매원: 20% 할인돼요. 그리고 이 상품은 원 플러스 원 행사도 하고 있어요.

〈환불할 때〉
민호: 이거 환불되나요?
판매원: 영수증 가져오셨나요?
미호: 제가 그걸 잃어버렸어요.
판매원: 정말 죄송합니다. 반품, 교환 모두 영수증이 없으면 안 돼요.

| OX퀴즈 |

〈해석〉
① 민호는 어머니의 생신 선물을 샀어요.
② 민호는 영수증을 가져오지 않았어요.
〈정답〉① X   ② O

| 어법 |

1 동사의 중첩
〈예문 해석〉
당신의 소감을 한번 말해보세요.
모두가 자신의 생각을 얘기했어요.
우리 이 문제에 대해서 상의를 한번 해봐요.
선생님께서 중국 상황에 대해서 얘기를 해주셨어요.

2 如果A就B
〈예문 해석〉
만약 내일 비가 온다면 그는 오지 못할 거예요.
만약 당신이 싫으면 그만 둬요.
〈정답〉① 就可以打折.   ② 如果明天有时间

3 把+동사+了
〈예문 해석〉
내가 유리컵을 깨버렸어요.
저를 도와 이 가방을 좀 들어주세요.
〈정답〉① 了   ② 着

| 연습 |

1 〈해석〉
① A : 어느 분이 입을 거에요?
　 B : 제 여자친구요. 그녀에게 생일 선물을 하고 싶어요.
② A : 이거 할인되나요?
　 B : 20%할인돼요.
③ A : 이거 환불되나요?
　 B : 영수증 가져오셨나요?

2 〈정답〉① 一   ② 受   ③ 打折   ④ 八折
〈해석〉
A : 좀 볼 수 있을까요?
B : 네. 이쪽 상품이 가장 인기가 많아요.
A : 이거 할인되나요?
B : 20% 할인돼요.

3 〈정답〉① 送   ② 如果   ③ 丢

| 新HSK 열독 제1부분 |

第36-40
〈해석〉
예제: 나는 매주 토요일에 농구하러 가요.
36. 그녀에게 생일 선물을 하고 싶어요.
37. 이 쪽 상품이 제일 인기 있는 거예요.
38. 이 선물 포장 좀 해주세요.
39. 멤버십 카드가 있으면 할인돼요.
40. 영수증이 없을 시 환불 및 교환은 안돼요.
〈정답〉36. C   37. F   38. E   39. B   40. A

7과 能用信用卡付钱吗?
신용카드로 계산해도 되나요?

I 회화 I
〈패스트푸드점에서 주문할 때〉
직원: 주문하시겠어요?
민호: 햄버거랑 콜라주세요.
직원: 제가 보기에는 세트로 주문하시는 게 더 나을 것 같아요. 그러면 더 싸요.
민호: 이 세트에는 뭐가 있나요?
직원: 세트에는 햄버거 하나, 감자튀김 하나, 콜라 한 잔이 포함돼요.
민호: 좋아요. 이 세트로 주문할게요.
직원: 여기서 드시나요 아니면 포장하시나요?
민호: 포장해 주세요.
〈커피숍에서 주문할 때〉
린린: 카페라떼 한 잔 주세요. 우유를 넣지 말고, 두유를 넣어 주세요.
직원: 따뜻한 것으로 드릴까요 아니면 차가운 것으로 드릴까요?
린린: 따뜻한 거요. 그리고 와플도 하나 주세요.
직원: 전부 54위안이에요.
린린: 신용카드로 계산해도 되나요?
직원: 물론이죠. 여기에 서명해 주세요.

I OX퀴즈 I
〈해석〉
① 세트에는 햄버거 하나, 콜라 한 잔이 포함되어 있어요.
② 린린은 우유를 넣은 까페라떼를 주문했어요.
〈정답〉① X　② X

I 어법 I
1 지시대명사 这样
〈예문 해석〉
이렇게 해야 성공할 수 있어요.
당신 어떻게 이런 말을 할 수 있어요?
〈정답〉① 这样更便宜。　② 能做这样的事儿?
2 부사 更
〈예문 해석〉
어떤 색이 더 예쁘나요?
나는 높은 산을 좋아하지만 바다를 더 좋아해요.
〈정답〉① D　② C
3 来의 용법
〈예문 해석〉
다시 한번 말해봐요.
당신은 노래를 정말 잘하네요, 한 곡 더 불러봐요.
〈정답〉① 이 요리로 주문할게요.　② 한 잔 더 하세요!

I 연습 I
1 〈해석〉
① A : 주문하시겠어요?
　 B : 햄버거와 콜라주세요.
② A : 따뜻한 거, 차가운 거 어떤 것으로 하시겠어요?
　 B : 따뜻한 거요.
③ A : 신용카드로 계산해도 되나요?
　 B : 물론이죠.
2 〈정답〉① 点　② 杯　③ 还是　④ 用
〈해석〉
A : 주문하시겠습니까?
B : 까페라떼 한잔이요.
A : 따뜻한 거, 차가운 거 어떤 것으로 하시겠어요?
B : 따뜻한 거로 주세요. 신용카드로 계산해도 되나요?
3 〈정답〉① 不如　② 来　③ 一共

I 新HSK 열독 제2부분 I
第41-45
〈해석〉
예제: 여기 양고기 정말 맛있는데 너무 비싸요.
41. 햄버거와 콜라주세요.
42. 이 세트에는 뭐가 있나요?
43. 여기서 드시나요 아니면 포장하시나요?
44. 우유는 넣지 말아주세요.
45. 와플 하나 더 주세요.
〈정답〉41. F　42. A　43. C　44. B　45. D

8과 月饼挺像圆圆的月亮。
위에빙은 마치 둥근 달 같아요.

I 회화 I
〈전통 명절에 대해 말할 때〉
민호: 뭐 먹고 있어요?
탕웨이: 위에빙 먹고 있어요. 중국 사람은 중추절에 위에빙을 먹어요.
민호: 위에빙은 마치 둥근 달 같아요.
탕웨이: 맞아요, 이건 둥근 달처럼 온 가족이 함께 모이는 것을 상징해요.
민호: 그렇군요. 맛은 어때요?
탕웨이: 정말 맛있어요. 당신도 한번 맛보세요!
〈오락성 명절에 대해 말할 때〉
린린: 오늘이 무슨 날인지 아세요?
민호: 오늘은 11월 11일이잖아요. 오늘 무슨 날인가요?
린린: 바로 '광군절'이에요. 광군절은 일종의 오락성 명절이에요.
민호: '광군'은 무슨 뜻인가요?
린린: 광군은 중국어로 솔로라는 의미가 있어요.

해석 및 참고 답안

민호: 아, 광군절은 솔로의 날이군요.
린린: 이 날은 여러 상가가 할인 행사를 하는 날이기도 해요.

| OX퀴즈 |
〈해석〉
① 한국인은 추석에 위에빙을 먹어요.
② 광군절은 중국의 전통명절이에요.
〈정답〉 ① X 　② X

| 어법 |
1 부사 挺
〈예문 해석〉
이 옷이 딱 좋아요.
선생님께서는 우리를 잘 보살펴 주세요.
〈정답〉 ① 挺像圆圆的月亮。　② 这件衣服挺干净的。

2 조사 着
〈예문 해석〉
그는 의자에 앉아있어요.
방안의 등이 아직 밝아요.
〈정답〉 ① D　② C

3 정반의문문 (이음절어)
〈해석〉
① 당신은 음악 좋아해요 안 좋아해요?
② 그들은 회의에 참석하나요 참석하지 않나요?
〈정답〉 ① 你知不知道他的名字?　② 你喜不喜欢运动?

| 연습 |
1 〈해석〉
① A : 중국 사람은 중추절에 위에빙을 먹어요.
　B : 위에빙은 정말 맛있어요.
② A : 맛은 어때요?
　B : 정말 맛있어요.
③ A : 오늘 무슨 날 인가요?
　B : 바로 '광군절'이에요.

2 〈정답〉 ① 在　② 时候　③ 味道　④ 尝一尝
〈해석〉
A : 지금 뭐 드세요?
B : 위에빙 먹어요. 중국 사람은 중추절에 위에빙을 먹어요.
A : 맛은 어때요?
B : 정말 맛있어요. 한번 맛보세요.

3 〈정답〉 ① 日子　② 节日　③ 意思

| 新HSK 열독 제3부분 |
第46-50
〈해석〉
예제1: 지금 11시 30분이에요, 그들은 이미 20분 동안 수영을 했어요.
　　　*그들은 11시10분에 수영을 시작했어요. (√)
예제2: 저 춤 출수 있어요, 그런데 잘 추는 건 아니에요.
　　　*나는 춤을 매우 잘 춰요. (X)
46. 나는 위에빙을 먹고 있어요. 중국인은 추석에 위에빙을 먹어요.
　　*나는 중국인이에요.
47. 위에빙은 둥근 달 처럼 온 가족이 함께 모이는 것을 상징해요.
　　*위에빙은 달을 상징해요.
48. 정말 맛있어요. 한번 맛보세요.
　　*맛이 좋지 않아요.
49. 오늘은 11월 11일인데, 오늘 무슨 날인가요?
　　*나는 오늘이 어떤 날인지 몰라요.
50. 11월 11일은 광군절이에요. 이날은 오락성 명절이에요.
　　*광군절은 중국의 전통명절이에요.
〈정답〉 46. √　47. √　48. X　49. √　50. X

9과 你们看起来很般配。
당신들은 정말 잘 어울려 보여요.

| 회화 |
〈외모에 대해 말할 때〉
탕웨이: 지금 교제하는 여자친구가 있나요?
민호: 최근에 여자친구랑 헤어졌어요. 왜 갑자기 이런 걸 묻나요?
탕웨이: 당신에게 여자친구를 소개해주려고요.
민호: 정말요? 어떻게 생겼는데요?
탕웨이: 수수하게 생겼어요.
민호: 자세하게 좀 말해주세요. 연예인 누구를 닮았나요?
탕웨이: 음 … 외모로만 사람을 평가해서는 안돼요!

〈성격에 대해 말할 때〉
탕웨이: 어제 만난 그 사람 마음에 드나요?
민호: 미안하지만, 제가 좋아하는 타입이 아니에요.
탕웨이: 왜요? 아주 겸손하고, 상냥하기도 하잖아요. 당신들은 정말 잘 어울려 보여요.
민호: 천만에요! 우리 둘은 성격이 완전히 달라요.
탕웨이: 왜 그렇게 생각하나요?
민호: 나는 B형이라서 거침없이 말하는 편이에요. 하지만 그녀는 A형이라서 너무 꼼꼼해요.
탕웨이: 당신은 이런 걸 너무 믿는군요!

| OX퀴즈 |
〈해석〉
① 지금 민호는 교제하는 여자친구가 없어요.
② 민호는 어제 만난 그 사람이 마음에 들어요.
〈정답〉 ① O　② X

| 어법 |
1 조동사 应该

〈예문 해석〉
아이들은 어머니의 말씀을 잘 들어야 해요.
그는 6시에 출발했으니 지각할 일은 없어요.
〈정답〉① A　　② B
2 既A又B
〈예문 해석〉
그녀는 이쁘기도 하고 똑똑하기도 해요.
이런 가구는 보기도 좋고 실용적이기도 해요.
〈정답〉① 우리 엄마는 겸손하고 상냥해요.
　　　② 이런 소파는 예쁘고 실용적이에요.
3 복합 방향보어
〈예문 해석〉
그녀가 갑자기 울었어요.
들어보니, 당신은 광동 사람이군요.

| 연습 |

1 〈해석〉
① A : 왜 갑자기 이런 걸 묻나요?
　 B : 당신에게 여자친구를 소개해주려고요.
② A : 어떻게 생겼는데요?
　 B : 수수하게 생겼어요.
③ A : 우리 둘은 성격이 완전히 달라요.
　 B : 왜 그렇게 생각하나요?
2 〈정답〉① 交往　② 为什么　③ 介绍　④ 长得
〈해석〉
A : 지금 남자친구 있어요?
B : 없어요. 왜 갑자기 묻는 건가요?
A : 남자친구 한 명 소개시켜주려고요.
B : 정말요? 외모는 어떤가요?
3 〈정답〉① 分手　② 类型　③ 相信

| 新HSK 열독 제4부분 |

第51-55
〈해석〉
A: 당신에게 여자친구 한 명 소개시켜주고 싶어요.
B: 지금 남자친구 있어요?
C: 맘에 들지 않아요.
D: 그녀는 예뻐요.
E: 그는 어디에 있나요? 그를 봤나요?
F: 그는 겸손하기도 하고 성격이 온화해요.
第56-60
A: 그는 나의 배우자예요.
B: 그가 어째서 아직 오지 않았나요?
C: 그녀는 어떤 연예인을 닮았나요?
D: 우리는 성격이 완전히 달라요.
E: 그는 어디 사람인가요?
예제: 그는 아직 교실에서 공부하고 있어요.
51. 나는 최근에 남자친구와 이별했어요.
52. 그녀의 외모는 어때요?
53. 왜 갑자기 묻는 건가요?
54. 어제 만난 그 분 마음에 드나요?
55. 아버지 성격이 어떠신가요?
56. 외모만으로 사람을 평가해서는 안돼요!
57. 저는 거침없이 말하는 편이지만 그녀는 꼼꼼한 편이예요.
58. 당신들은 정말 잘 어울려요.
59. 그는 6시에 출발했으니 지각할 일은 없어요.
60. 들어보니, 그는 광동 사람 같아요.
〈정답〉51. B　52. D　53. A　54. C　55. F
　　　56. C　57. D　58. A　59. B　60. E

10과　你猜一猜哪个队会赢。
어느 팀이 이길지 맞혀보세요.

| 회화 |

〈건강 관리에 대해 말할 때〉
린린: 요즘 저는 3kg나 쪘는데, 어떡하죠?
민호: 운동이 부족해서 살이 좀 찐 걸 거예요.
린린: 나도 알아요.
민호: 지난달부터 골프를 배우기 시작했어요.
　　　나랑 같이 치러 가요!
린린: 내 생각엔 골프 치는 건 재미없어요.
민호: 그럼 무슨 운동을 좋아해요?
린린: 숨쉬기 운동을 좋아해요.
〈경기 관람할 때〉
린린: 이번 월드컵 축구 경기는 어느 두 팀의 경기인가요?
민호: 한국팀과 일본팀의 경기에요.
린린: 표를 샀나요?
민호: 샀어요. 하지만 푯값이 배로 비싸요.
린린: 경기가 이미 시작됐어요. 어느 팀이 이길지 맞혀보세요.
민호: 당연히 한국팀이 이길 거예요. 아! 한국 선수가 골을 넣었어요.
린린: 지금 몇 대 몇이죠?
민호: 2대1이요. 한국팀이 역전승했어요.

| OX 퀴즈 |

〈해석〉
① 린린은 운동을 그다지 좋아하지 않아요.
② 한국팀이 이겼어요.
〈정답〉① O　　② O

| 어법 |

1 因为 A 所以 B
〈예문 해석〉
날씨가 좋지 않아서 운동이 취소될 것 같아요.
시험 준비를 해야 해서 여행을 가지 않기로 결정했어요.
〈정답〉① 운동이 부족해서 살이 좀 찐 거예요.

해석 및 참고 답안

② 날씨가 좋지 않아서 공원에 가지 않았어요.
2 연동문
〈예문 해석〉
① 아이들이 놀러 가요.
② 그는 인터넷 메신저로 이야기를 나누고 있어요.
〈정답〉① 我们一起去打高尔夫球吧。
② 我坐公交车上学。
3 결과보어 着
〈예문 해석〉
① 그녀는 침대에 누워서 잠을 자고 있어요.
② 비행기 표를 못 샀는데 어쩌죠?
〈정답〉① A ② D

| 연습 |

1 〈해석〉
① A : 요즘 저는 최근에 3kg쪘는데 어떡하죠?
B : 운동이 부족해서 살이 좀 찐 걸 거예요.
② A : 지난달부터 골프를 배우기 시작했어요.
B : 저는 골프가 재미없어요.
③ A : 지금 몇 대 몇이죠?
B : 2:1이요. 한국팀이 역전승했어요.
2 〈정답〉① 猜一猜 ② 会 ③ 比 ④ 反败为胜
〈해석〉
A : 어느 팀이 이길지 맞혀보세요.
B : 당연히 한국팀이 이길거예요.
A : 지금 몇 대 몇이죠?
B : 2:1이요. 한국팀이 역전승했어요.
3 〈정답〉① 一起 ② 着 ③ 已经

| 종합TEST |

1 〈녹음 내용〉
① 男:这边的商品最受欢迎。
  女:请把那双鞋给我看着。
② 男:您要热得还是凉的？ 女:要热的。
③ 男:现在你有交往的女朋友吗？
  女:最近跟女朋友分手了。
〈정답〉① a ② c ③ d
2 〈정답〉① A ② D ③ A
3 〈정답〉① 把礼物包装一下。
② 月饼挺像圆圆的月亮。
〈해석①〉
A : 그녀의 신발 사이즈가 어떻게 되나요?
B : 38호입니다. 선물 포장 좀 해주세요.
〈해석②〉
A : 중국인은 추석에 위에빙을 먹어요.
B : 위에빙은 둥근 달 같아요.
4 〈정답〉① 不如 ② 知不知道
5 〈정답〉① 她长得怎么样？ ② 现在几比几？

6 〈정답〉
① A: 昨天见的那个人你满意吗？
  B: 她不是我喜欢的类型。
  A: 为什么呢？你们看起来很般配。
  B: 我是B型血，但她是A型血。
  咱俩的性格完全不一样。
② A: 您点什么？
  B: 我要一杯咖啡，一个威化饼。
  A: 一共65块。
  B: 能用信用卡付钱吗？
7 〈정답〉

④她			今		②
我	长	你	天		请
④免	你	得	咖	啡	在
他	贵	付	满	还	这
姓	钱	它	意	可	儿
金	为	什	么	呢	以
你	是	好	③味	道	怎	么	样	名
看	①我	把	它	丢	了	能
					月	饼
			她			
			们			

11과 今天我请你到我家吃饭。
오늘 당신을 우리 집에 초대해서
식사 대접을 하려고요.

| 회화 |

〈집에 초대받았을 때〉
탕웨이: 민호, 오늘 저녁에 무슨 일정 있어요?
민호: 특별한 일정은 없어요. 무슨 일 있어요?
탕웨이: 오늘 당신을 우리 집에 초대해서 음식 대접을
      하려고요. 내 생일 파티인 셈이에요.
민호: 그래요? 초대해줘서 고마워요. 몇 시에 시작하나요?
탕웨이: 저녁 7시에 시작해요.
민호: 당신 집의 주소를 문자 메시지로 알려주세요.
〈식사 대접을 받을 때〉
린린: 오늘은 제가 한턱 낼게요.
민호: 무슨 말이에요! 우리 더치페이 해요!
린린: 그러면 너무 정이 없어 보이지 않나요? 먹고 싶은
    것을 마음대로 시켜요.
민호: 저는 아무 음식이나 다 잘 먹어요. 편식하지 않아요.
린린: 이것 좀 맛보세요! 이건 정통 쓰촨 요리로

"타오수이와"라고 해요.
민호: 향이 정말 좋아요! 이건 무슨 고기로 만든 건가요?
린린: 개구리로 만든 요리예요.
민호: 예?

OX퀴즈

〈해석〉
① 민호는 탕웨이의 집 주소를 알아요.
② 그들이 먹는 요리는 쓰촨 요리에요.
〈정답〉① X   ② O

어법

1 겸어문
〈예문 해석〉
선생님께서 그에게 본문을 다시 한번 읽으라고 하셨어요.
회사는 당신을 중국에 출장보내기로 결정했어요.

2 算是
〈예문 해석〉
샤오왕은 좋은 사람이에요.
오늘 제가 대접하는 셈이니 모두들 사양하지 마세요.
〈정답〉① 这算是我的生日派对。
      ② 他算是一个好学生。

3 형용사의 중첩
〈예문 해석〉
그는 키가 크고 말랐어요.
그녀는 한 쌍의 예쁘고 큰 눈을 갖고 있어요.
학생들은 수업을 열심히 듣고 있어요.
이 셔츠는 눈처럼 새 하얘요.

연습

1 〈해석〉
① A : 무슨 일 있어요?
   B : 제가 당신을 집에 초대해서 식사 대접할게요.
② A : 이것은 전통 쓰촨 요리예요.
   B : 향이 정말 좋네요.
③ A : 무슨 고기로 만든 거예요?
   B : 개구리로 만든 요리예요.

2 〈정답〉① 请 ② 邀请 ③ 七点 ④ 告诉
〈해석〉
A : 오늘 당신을 집에 초대해서 식사 대접할게요.
B : 초대해줘서 고마워요. 몇 시에 시작하나요?
A : 저녁 7시에 시작해요.
B : 당신 집의 주소를 문자 메시지로 알려주세요.

3 〈정답〉① 算 ② 请客 ③ 点

新HSK 듣기 제1부분

〈듣기 대본〉

第一部分

一共10个题，每个题听两遍。
例如：我们家有三口人。
我每天坐公共汽车去上班。
现在开始第一题：
1. 这算是我的生日派对。
2. 晚上七点开。
3. 今天我来请客。
4. 我什么菜都喜欢吃。不挑食。
5. 这是地地道道的中国菜。
6. 这是用自猪肉作的。
7. 公司决定派你去中国出差。
8. 他高高的，瘦瘦的。
9. 学生们正在认认真真地听课。
10. 这件衬衫雪白雪白的。

〈해석〉
제 1부분
모두 10문제이고, 매 문제는 2번씩 들려드립니다.
예 : 저희 가족은 3명이에요. /
    나는 매일 버스를 타고 출근해요.
지금부터 1번 문제를 시작합니다.
1. 이것은 나의 생일파티나 마찬가지예요.
2. 저녁 일곱시에 시작해요.
3. 오늘은 내가 식사 대접할게요.
4. 나는 가리지 않고 잘 먹어요.
5. 이것은 전통 중국 음식이에요.
6. 이것은 돼지고기로 만든 요리예요.
7. 회사는 당신을 중국에 출장보내기로 결정했어요.
8. 그는 키가 크고 말랐어요.
9. 학생들은 지금 수업을 열심히 듣고 있어요.
10. 이 셔츠는 눈처럼 새 하얘요.
〈정답〉1. ✓ 2. X 3. ✓ 4. X 5. ✓
       6. X 7. ✓ 8. X 9. ✓ 10. ✓

12과 我希望你早日恢复健康！
당신이 하루빨리 건강해지기를 바라요!

회화

〈진찰받을 때〉
의사: 어디가 불편하세요? 당신의 증상을 말해 보세요.
민호: 며칠 전부터 계속 배가 아프고, 오늘 아침에는

해석 및 참고 답안

머리도 아프기 시작했어요.
의사: 제가 좀 볼게요. 여기를 만지면 아픈가요?
민호: 누를 때 바늘로 찌르는 것처럼 아파요. 의사 선생님, 저는 무슨 병인가요?
의사: 급성장염에 걸렸어요.
민호: 심각한가요?
의사: 걱정하지 마세요! 며칠 입원하면, 병은 빨리 나을 거예요.
〈병문안할 때〉
린린: 건강은 좀 어때요?
민호: 갈수록 좋아지고 있어요.
린린: 입맛은 어때요?
민호: 이전만 못 해요, 아무것도 먹고 싶지 않아요.
린린: 며칠 동안 입원해야 하나요?
민호: 이건 작은 병일 뿐이라서, 이삼일 후에 퇴원할 수 있어요.
린린: 푹 쉬세요. 당신이 하루빨리 건강해지기를 바라요!
민호: 걱정해줘서 고마워요.

| OX퀴즈 |

〈해석〉
① 민호는 위중한 병에 걸렸어요.
② 민호의 입맛이 점점 좋아지고 있어요.
〈정답〉 ① X ② X

| 어법 |

1 连~也
〈예문 해석〉
그는 밥도 먹지 않고 그냥 갔어요.
요즘 너무 바빠서 주말에도 쉴 시간이 없어요.
〈정답〉 ① A   ② B

2 越来越
〈예문 해석〉
날씨가 점점 더워진다.
그의 중국어 회화 실력이 점점 유창해진다.

3 只不过~罢了
〈예문 해석〉
운이 좋지 않을 뿐이에요.
저는 그냥 마음대로 말했을 뿐이에요.
〈정답〉 ① 이건 작은 병일 뿐이에요.
       ② 나는 잠시 봤을 뿐이에요.

| 연습 |

1 〈해석〉
① A : 당신의 증상을 말해 보세요.
   B : 며칠 전부터 계속 배가 아파요.
② A : 의사 선생님, 저는 무슨 병인가요?
   B : 급성장염에 걸렸어요.
③ A : 당신이 하루빨리 건강해지기를 바라요!

B : 걱정해줘서 고마워요.
2 〈정답〉① 胃口 ② 不如 ③ 得 ④ 出院
〈해석〉
A : 입맛은 어때요?
B : 이전만 못해요, 아무것도 먹고 싶지 않아요.
A : 며칠 동안 입원할 거예요?
B : 이삼일 후에 퇴원할 수 있어요.
3 〈정답〉① 舒服 ② 的时候 ③ 好好儿

| 新HSK 듣기 제1부분 |

〈듣기 대본〉

第二部分
一共10个题，每个题听两遍。
例如：女：你喜欢什么运动？
　　　男：我最喜欢踢足球。
现在开始第11到15题：
11. 女：请说一下你的病情。
　　男：我从前几天一直头疼。
12. 女：我得了什么病？
　　男：你得了急性肠炎。
13. 女：你的胃口怎么样？
　　男：不如以前好，什么也不想吃。
14. 女：你得住几天院？
　　男：两三天后就可以出院了。
15. 女：最近天气怎么样？　男：越来越冷了。
16. 女：我希望你早日恢复健康。
　　男：谢谢你的关心。
17. 女：你最近忙吗？
　　男：我最近很忙，连周末都没时间休息。
18. 女：我身体不太好，今天早上连头也疼了。
　　男：我来看一下。
19. 女：你身体不舒服吗？
　　男：这只是感冒而已，你别担心。
20. 女：你儿子上学了吗？
　　男：他连吃饭也没吃就上学了。

〈해석〉
제 2부분
모두 10문제이고, 매 문제는 2번씩 들려드립니다.
예: 당신은 어떤 운동을 좋아하나요?
　　저는 축구를 좋아해요.
지금부터 11번부터 15문제를 시작합니다.
11. 여: 어디가 아픈지 말씀해 보세요.
　　남: 며칠 전부터 계속 머리가 아파요.
12. 여: 저는 무슨 병인가요?
　　남: 당신은 급성장염이에요.

13. 여: 입맛은 좀 어떤가요?
    남: 이전만 못해요, 아무것도 먹기가 싫어요.
14. 여: 며칠 동안 입원해야 하나요?
    남: 이삼일만 있으면 퇴원해도 돼요.
15. 여: 요즘 날씨 어때요?
    남: 점점 추워지고 있어요.

지금부터 16번부터 20문제를 시작합니다.
16. 여: 당신이 하루빨리 건강해지길 바랍니다!
    남: 걱정해줘서 고마워요.
17. 여: 요즘 바쁘신가요?
    남: 요즘 너무 바빠서 주말에도 쉴 시간이 없어요.
18. 여: 몸이 좋지 않은데 아침에 머리도 아팠어요.
    남: 제가 한번 볼게요.
19. 여: 몸이 좋지 않으세요?
    남: 그냥 감기에요, 걱정하지마세요.
20. 여: 아드님은 학교에 갔나요?
    남: 밥도 먹지 않고 갔어요.

〈정답〉 11. C   12. F   13. A   14. E   15. B
       16. B   17. A   18. E   19. C   20. D

13과 趁着假期，咱们去旅游吧！
휴가 기간을 이용해서 우리 여행가요!

| 회화 |

〈여행지를 추천할 때〉
민호: 휴가 기간을 이용해서 우리 여행가요!
린린: 내가 당신을 위해서 한 곳을 추천할게요. 상하이에 가는 게 어때요?
민호: 좋은 생각이에요! 상하이는 중국의 경제 중심지라고 들었어요.
린린: 상하이는 국가의 역사문화로 유명한 도시이기도 해요.
민호: 상하이에 도착하려면 몇 시간 걸리나요?
린린: 12시간 정도 걸려요.
민호: 그렇게나 오래 타고 가야 하는군요. 어떤 차편이 가장 빠른가요?
린린: 초고속열차가 가장 빨라요. 초고속열차는 가장 빠를 뿐만 아니라, 편안하기도 해요.

〈기차표를 살 때〉
민호: 내일 상하이 가는 일반 침대석 두 장 사려고 해요.
판매원: 내일 상하이 가는 기차표는 이미 다 팔렸어요.
민호: 모레는요?
판매원: 모레는 고급 침대표 두 장이 있어요.
민호: 위쪽 침대인가요, 아래쪽 침대인가요?
판매원: 두 장 모두 위쪽 침대에요. 편도 표로 드릴까요?
민호: 왕복으로 주세요.

| OX퀴즈 |

〈해석〉
① 상하이에 도착하려면 12시간이 걸려요.

② 모레 상하이에 가는 기차표는 모두 팔렸어요.
〈정답〉 ① O   ② X

| 어법 |

1 개사 趁, 为
〈예문 해석〉
따뜻할 때 드세요.
우리는 쉬는 시간을 이용해 밖에 나가 놀았어요.
나는 그들을 위해 노래를 불렀어요.
성공을 위해 최선을 다해야 해요.

2 左右
〈예문 해석〉
① 이 길의 길이는 1000m정도 돼요.
① 보아하니 왕 선생님은 대략 40세 정도 돼요.
〈정답〉 ① 1시간 쯤 걸려요.
       ② 그의 키는 170m 정도예요.

3 不但 A 而且 B
〈예문 해석〉
그는 중국어를 할 수 있을 뿐만 아니라 매우 유창해요.
베이징은 중국의 정치, 경제의 중심일 뿐만 아니라 중국의 문화중심이에요.
〈정답〉 ① A   ② C

| 연습 |

1 〈해석〉
① A : 휴일을 이용해서 우리 여행가요!
  B : 좋은 생각이에요!
② A : 상하이에 도착하려면 몇 시간 걸리나요?
  B : 12시간 정도 걸려요.
③ A : 내일 상하이에 가는 일반 침대석 두 장 사려고해요.
  B : 표가 없어요. 다 팔렸어요.

2 〈정답〉 ① 多长时间   ② 小时   ③ 久   ④ 最快
〈해석〉
A : 상하이에 도착하려면 몇 시간 걸리나요?
B : 12시간 정도 걸려요.
A : 그렇게나 오래 걸리군요. 어떤 기차가 가장 빠른가요?
B : 초고속열차가 가장 빨라요.

3 〈정답〉 ① 为   ② 听说   ③ 不但

| 新HSK 듣기 제3부분 |

〈듣기 대본〉

第三部分
一共10个题，每个题听两遍。
例如： 男：小王，这里有几个杯子，哪个是你的？
       女：左边那个红色的是我的。
       问：小王的杯子是什么颜色的？

해석 및 참고 답안

现在开始第21题：
21. 男：趁着假期，咱么去旅游吧！
    女：好主意！
    问：这个假期他们要做什么？
22. 男：我为你推荐一个地方。去上海怎么样？
    女：我听说上海是中国的经济中心。
    问：男的推荐哪个地方？
23. 男：到上海要做多长时间？
    女：需要十二个小时左右。
    问：到上海大概需多长时间？
24. 男：到上海需要十二个小时左右。
    女：要坐那么久啊。
    问：女的觉得到上海远不远？
25. 男：哪种车最快？　女：高铁动车最快。
    问：他们在谈得是什么？
26. 男：明天去上海的，买两张硬卧票。
    女：明天开往上海的火车票已经卖光了。
    问：有没有明天开往上海的火车票？
27. 男：后天呢？　女：后天有两张软卧票。
    问：男的要买什么？
28. 男：您要单程票还是往返票？
    女：我要往返的。
    问：女的要什么？
29. 男：王老师看上去有四十岁上下。
    女：哪儿啊！他还不到三十岁。
    问：王老师多大了？
30. 男：小张会说汉语吗？
    女：他不但会说汉语，而且说得很流利。
    问：小张汉语说得好不好？

〈해석〉
제 3부분
모두 10문제이고, 매 문제는 2번씩 들려드립니다.
예: 남: 샤오왕, 여기 컵이 있는데, 어느 것이 당신의 것인가요?
    여: 왼쪽에 그 빨간색이 제 거예요.
    질문: 샤오왕의 컵은 무슨 색인가요?
지금부터 21번 문제를 시작합니다.
21. 남: 이번 휴일에 우리 여행가요!
    여: 좋은 생각이에요!
    질문: 이번 휴일에 그들은 무엇을 하나요?
22. 남: 당신에게 좋은 곳 추천해줄게요. 상하이 가는 건 어때요?
    여: 듣기로는 상하이는 중국의 경제 중심이라고 하던데요.
    질문: 남자는 어느 지역을 추천했나요?
23. 남: 상하이가는데 얼마나 걸려요?
    여: 12시간 정도 걸려요.
    질문: 상하이에 가는데 대략 얼마나 걸리나요?
24. 남: 상하이에 가는데 12시간 정도 걸려요.
    여: 그렇게나 오래 걸리는군요.
    질문: 여자가 생각하기에 상하이가 먼가요 멀지 않나요?
25. 남: 어떤 기차가 제일 빠르나요?
    여: 초고속열차가 가장 빨라요.
    질문: 그들은 무엇에 대해 얘기하고 있나요?
26. 남: 내일 상하이에 가는데 일반 침대석으로 두 장 사려고해요.
    여: 내일 상하이에 가는 표는 다 팔렸어요.
    질문: 내일 상하이에 가는 기차표는 있나요?
27. 남: 모레는요?
    여: 모레 일등석은 두 장이 있어요.
    질문: 남자는 무엇을 사려고 하나요?
28. 남: 편도와 왕복 중 어떤 표를 사실건가요?
    여: 왕복 표가 필요해요.
    질문: 여자는 무엇을 사려고 하나요?
29. 남: 보아하니 왕 선생님은 대략 40세 정도 되어 보이세요.
    여: 어디가요! 왕 선생님은 아직 30세도 안 되셨어요.
    질문: 왕 선생님은 몇 살 인가요?
30. 남: 샤오장은 중국어를 할 줄 아나요?
    여: 그는 중국어 회화를 할 수 있을 뿐만 아니라 매우 유창해요.
    질문: 샤오장은 중국어 회화 실력이 좋은가요 좋지 않은가요?

〈정답〉 21. B　22. A　23. B　24. A　25. C
　　　　26. B　27. A　28. B　29. B　30. A

14과 这个不合我的口味.
이건 제 입맛에 맞지 않아요.

| 회화 |

〈물건을 고를 때〉
민호: 여기는 상하이에서 가장 번화한 난징루에요.
린린: 오늘이 토요일이라, 사람이 많아서 움직일 수가 없네요.
민호: 여기는 무슨 물건이든 다 있어요. 당신이 보기에 이 넥타이 어때요?
린린: 뭐예요! 정말 촌스러워요. 당신은 어쩌면 이렇게 보는 눈이 없나요.
민호: 이건 오늘의 특가 상품이에요. 정말 싸다고요!
린린: 싼 게 비지떡이에요.
〈입맛, 기호에 대해 말할 때〉
린린: 배가 좀 고프네요.
민호: 길가에 있는 간이 식당에서 한 끼 먹는 거 어때요?
린린: 마침 맞은편에 먹자골목이 있네요. 우리 한번 맛보러 가요!

민호: 저기에 왜 저렇게 많은 사람들이 줄 서 있나요?
린린: 저기는 샤오룽바오를 파는 곳이에요.
민호: 그럼 내가 안 먹어 볼 수 없겠네요. 응? 이건 무슨 냄새죠? 정말 고약한 냄새가 나요.
린린: 이건 취두부에요. 냄새는 역겹지만, 먹어 보면 정말 맛있어요.
민호: 이건 내 입맛에 맞지 않아요. 정말 비위 상하네요!

| OX퀴즈 |
〈해석〉
① 그들은 금요일에 난징루를 갔어요.
② 샤오룽바오는 민호의 입맛에 맞지 않아요.
〈정답〉 ① X　　② X

| 어법 |
1 명량사(名量词)/ 동량사(动量词)
〈예문 해석〉
여기 근처에 작은 호수가 있어요.
나는 진주 목걸이가 사고 싶어요.
나는 점심에 친구가 있는 곳에서 밥 한끼를 먹었어요.
샤오진은 시험에 불합격해서 어머니께 욕을 한바가지 들었어요.

2 非~不可
〈예문 해석〉
오늘 회의는 매우 중요하니 꼭 참석하기 바라요.
그가 아니고서는 이 문제를 해결할 수 없어요.
〈정답〉 ① 那我非吃不可。　② 每个人非参加不可。

3 虽然 A 但是 B
〈예문 해석〉
그는 그녀와 헤어졌지만, 아직 그녀를 잊지 못했어요.
그의 아버지는 몸이 편찮으시지만 여전히 일을 하고 계세요.
〈정답〉 ① A　② C

| 연습 |
1 〈해석〉
① A : 여기는 상하이에서 가장 번화한 난징루에요.
　B : 오늘 토요일이라 사람이 많아서 움직일 수가 없네요.
② A : 배가 좀 고프네요.
　B : 도로변에 있는 식당에서 한 끼 먹는 건 어때요?
③ A : 냄새는 역겹지만 맛은 좋아요.
　B : 이건 내 입맛에 맞지 않아요.

2 〈정답〉 ① 排队　② 卖　③ 非　④ 虽然
〈해석〉
A : 저기에 왜 저렇게 많은 사람들이 줄 서 있나요?
B : 저기는 샤오룽바오를 파는 곳이에요.
A : 꼭 먹어야겠네요! 응? 이건 무슨 냄새죠?
B : 이건 취두부에요. 냄새는 역겹지만 먹어보면 정말 맛있어요.

3 〈정답〉 ① 都　② 眼光　③ 合

| 新HSK 듣기 제4부분 |

〈듣기 대본〉
第四部分
一共5个题，每个题听两遍。
例如：女：请在这儿写您的名字。
　　　男：是这儿吗？
　　　女：不是，是这儿。
　　　男：好，谢谢。
　　　问：男的要写什么？
现在开始第31题：
31. 女：这儿是什么地方？
　　男：这就是上海繁华的南京路。
　　女：今天是周六，人多得走不动。
　　男：对，非常热闹。
　　问：街上人多不多？
32. 女：你看这件衣服怎么样？
　　男：什么呀？真土。
　　女：不漂亮吗？
　　男：你怎么这么没有眼光。
　　问：男的觉得这件衣服怎么样？
33. 女：这儿什么东西都有。
　　男：你看这条领带怎么样？真便宜！
　　女：便宜没好货。
　　男：你说得对，但这是今天的特价商品。
　　问：女的要觉得这条领带好不好？
34. 女：我的肚子有点饿了。
　　男：到路边的小吃店对付一顿，怎么样？
　　女：正好对面就有小吃街。
　　男：我们去尝尝吧。
　　问：他们要做什么？
35. 女：那儿是卖臭豆腐的。
　　男：那我非吃不可。
　　　　咦？这是什么味儿？太难闻了。
　　女：虽然闻起来好臭，但是吃起来好香。
　　男：这个不合我的口味。真到胃口！
　　问：臭豆腐合不合男的口味？

〈해석〉
제 4부분
모두 5문제이고, 매 문제는 2번씩 들려드립니다.
예: 여: 여기에 이름을 써 주세요.
　　남: 여기요?
　　여: 아니요, 여기요?

해석 및 참고 답안

남: 네 감사합니다.
질문: 남자는 무엇을 쓰려고 합니까?
지금부터 31번 문제를 시작합니다.
31. 여: 여기는 어느 지역인가요?
    남: 여기는 상하이의 번화가인 난징루예요.
    여: 오늘 토요일이라 사람이 많아서 움직일 수가 없네요.
    남: 맞아요, 너무 시끄럽네요!
    질문: 거리에 사람이 많습니까?
32. 여: 보기에 이 옷 어때요?
    남: 뭐에요! 너무 촌스러워요.
    여: 안 예쁜가요?
    남: 어쩜 이렇게 보는 눈이 없나요.
    질문: 남자가 생각하기에 이 옷은 어떤가요?
33. 여: 여기에는 무엇이든 다 있어요.
    남: 이 넥타이 어때요? 정말 저렴하네요!
    여: 저렴한 것 중에 좋은 물건 없어요.
    남: 옳은 말씀이네요, 근데 이건 오늘 특가 상품인걸요.
    질문: 여자가 생각하기에 이 넥타이는 좋은가요 좋지 않나요?
34. 여: 조금 배고프네요.
    남: 도로변에 있는 식당에서 한 끼 먹는 건 어때요?
    여: 맞은편에 마침 음식을 파는 거리가 있네요.
    남: 우리 먹으러 갑시다!
    질문: 그들은 무엇을 하려고 합니까?
35. 여: 그곳은 취두부를 파는 곳이에요.
    남: 그럼 꼭 먹어야 겠네요. 음? 이건 무슨 냄새죠? 정말 고약한 냄새가 나요.
    여: 비록 냄새는 역겹지만 맛은 좋아요.
    남: 내 입맛엔 맞지 않네요. 정말 비위 상하네요.
    질문: 취두부는 남자의 입맛에 맞나요?
〈정답〉 31. A 32. B 33. B 34. A 35. B

15과 为了我们的友谊，干杯！
우리들의 우정을 위해, 건배!

| 회화 |

〈술 문화에 대해 말할 때〉
민호: 한참 동안 걸어 다녔더니, 피곤해 죽겠네요.
린린: 우리 어디 가서 뭐 좀 마셔요.
민호: 마침 앞에 조용한 술집이 있네요. 저기 가서 한잔해요!
린린: 당신은 어떤 술 마시는 걸 좋아하나요? 한국 사람은 폭탄주 마시는 걸 좋아한다고 들었어요.
민호: 사람마다 모두 달라요. 어떤 사람은 맥주 마시는 걸 좋아하고, 어떤 사람은 소주 마시는 걸 좋아해요.
린린: 오늘은 당신을 데리고 중국의 술 문화를 체험해 보도록 할게요.
민호: 정말 기대돼요!
〈술과 안주를 권할 때〉

린린: 이건 좋은 술이니, 한번 맛보세요.
민호: 바이주를 마실 때는 어떤 안주를 주문해야 하나요?
린린: 꼬치구이, 냉채 요리, 소고기 조림 등 모두 괜찮아요.
민호: 그럼 우리 가장 빨리 나오는 안주 한 접시를 주문하죠.
〈건배를 제안할 때〉
민호: 우리들의 우정을 위해, 건배!
린린: 미안해요, 나는 술을 마시면 바로 얼굴이 빨개져요.
민호: 정이 깊으면 단숨에 마시고, 정이 얕으면 입만 대세요.
린린: 나는 취했어요. 더는 못 마시겠어요.

| OX퀴즈 |

〈해석〉
① 한국인은 모두 폭탄주를 좋아해요.
② 린린은 술을 마시자마자 얼굴이 빨개져요.
〈정답〉 ① X   ② O

| 어법 |

1 ~了~了
〈예문 해석〉
나는 어제 이미 사전을 샀어요.
나는 3개월동안 중국어를 배웠어요.
나는 3개월동안 중국어를 배워오고 있어요.
2 有的A 有的B
〈예문 해석〉
어떤 때는 음악을 듣고, 어떤 때는 티비를 봐요.
좋다 나쁘다 의견이 분분해요.
〈정답〉 ① 有的人喜欢喝茶。 ② 有时候唱歌。
3 一A 就B
〈예문 해석〉
한번 보면 빠져요.
한번 누우면 잠이 들어요.
〈정답〉 ① 나는 술을 마시면 바로 얼굴이 빨개져요.
       ② 보자마자 바로 알았어요.

| 연습 |

1 〈해석〉
① A : 우리는 한참 동안 걸었더니 피곤해 죽겠어요.
   B : 우리 어디 가서 뭐 좀 마셔요.
② A : 오늘 당신을 데리고 중국의 술 문화를 체험해 보도록 할게요.
   B : 정말 기대되네요!
③ A : 우리의 우정을 위해, 건배!
   B : 미안해요, 나는 술을 마시면 바로 얼굴이 빨개져요.
2 〈정답〉 ① 为了 ② 就 ③ 深 ④ 再也
〈해석〉
A : 우리의 우정을 위해, 건배!

B : 미안해요. 나는 술을 마시면 바로 얼굴이 빨개져요.
A : 정이 깊으면 단숨에 마시고 정이 얇으면 입만 대세요.
B : 나는 취했어요. 더는 못 마시겠어요.
3 〈정답〉① 杯　② 哪种　③ 人人

| 종합TEST |

1 〈녹음 내용〉
① 男：我们走了半天了，累得要命。
　女：咱们找个地方喝点儿东西吧。
② 男：我的肚子有点饿了。
　女：到路边的小吃店对付一顿，怎么样？
③ 男：请说一下你的病情。
　女：我从前几天一直肚子疼了。
〈정답〉① c　② d　③ a
2 〈정답〉① A　② A　③ A
3 〈정답〉① 需要十二个小 左右。
　　　　② 我请你到我家吃饭。
〈해석①〉
A : 상하이에 가려면 얼마나 걸리나요?
B : 12시간 정도 걸려요.
〈해석②〉
A : 무슨 일 인가요?
B : 당신을 우리 집에 초대해서 식사 대접할게요.
4 〈정답〉① 连　② 怎么这么
5 〈정답〉① 这是用什么肉做的？② 人人都不一样。
6 〈정답〉
① A : 今天我请你到我家吃饭。这算是我的生日派对。
　B : 谢谢你的邀请。几点开呢？
　A : 晚上七点开。
　B : 请你发短信告诉我你家的地址。
② A : 趁趁着假期，咱们去旅游吧！
　B : 去上海怎么样？
　A : 到上海要坐多长时间？
　B : 需要十二个小时左右。
7 〈정답〉

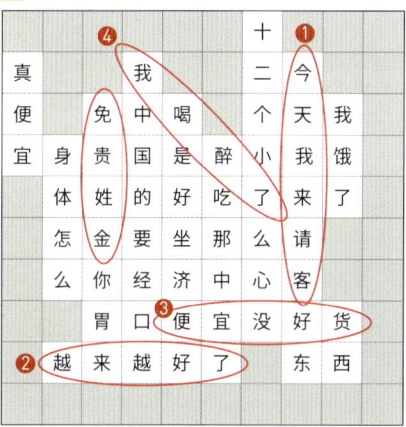

16과 怎么烫得像个老太太！
어쩜 아줌마 같이 파마가 됐잖아요!

| 회화 |
〈커트할 때〉
미용사: 어서 오세요! 찾는 미용사가 있으신가요?
민호: 없어요. 처음 왔어요.
미용사: 이쪽에 앉으세요. 머리를 어떻게 하고 싶으세요?
민호: 머리를 자르려고요. 좀 짧게 잘라주세요.
미용사: 이렇게 자르면 되나요?
민호: 여기를 좀 더 짧게 잘라주세요.
미용사: 알겠습니다.
〈파마할 때〉
미용사: 커트를 하시겠어요, 아니면 파마를 하시겠어요?
탕웨이: 파마를 하려고요. 이 사진에 있는 스타일로 해주실 수 있나요?
미용사: 가능해요. 기왕 파마하는 김에 염색도 해 보시죠.
탕웨이: 무슨 색으로 염색하는 게 가장 예쁜가요?
미용사: 제가 보기에는 옅은 갈색이 제일 잘 어울릴 것 같아요.
탕웨이: 좋아요, 그럼 말씀대로 해 볼게요. 잘 부탁합니다.
미용사: 거울 한번 보세요! 만족하세요?
탕웨이: 어머나! 어쩜 아줌마같이 파마가 됐잖아요!

| OX퀴즈 |
〈해석〉
① 민호는 머리카락을 자르고 싶어요.
② 탕웨이는 파마를 한 머리스타일이 마음에 들어요.
〈정답〉① O　② X

| 어법 |

1 동사 弄
〈예문 해석〉
나는 그들에게 밥을 해주러 가요.
나는 그에게 경극표를 사주었어요.
자전거가 고장이 났는데 고치는 것 좀 도와주세요.
〈정답〉① 여기를 좀 더 짧게 잘라주세요.
　　　② 엄마가 나에게 밥을 해줬어요.
2 既然A就B
〈예문 해석〉
기왕 산건데 후회하지 말아요.
어떠한 문제가 없는 이상 출근은 꼭 해야 돼요.
〈정답〉① A　② C
3 부사 顺便
〈예문 해석〉
그 곳에 간 김에 그녀를 한번 만나보세요.
이왕 말한 김에 한마디만 더 할게요.
〈정답〉① 就顺便烫一下发　② 去那里顺便看看他

해석 및 참고 답안

| 연습 |

1 〈해석〉
① A : 머리를 어떻게 하고 싶으세요?
　B : 머리를 자르려고요.
② A : 이렇게 자르면 되나요?
　B : 여기를 좀 더 짧게 잘라주세요.
③ A : 무슨 색으로 염색하는 게 제일 예쁜가요?
　B : 제가 보기에는 옅은 갈색이 제일 잘 어울릴 것 같아요.

2 〈정답〉① 怎么　② 短　③ 成　④ 弄
〈해석〉
A : 머리를 어떻게 하고 싶으세요?
B : 머리를 자르고 싶은데 조금 짧게 자르고 싶어요.
A : 이렇게 자르면 되나요?
B : 여기를 좀 더 짧게 잘라주세요.

3 〈정답〉① 第一次　② 能　③ 照

| 新HSK 열독 제1부분 |

第36-40
〈해석〉
예제: 나는 매주 토요일마다 농구하러 가요.
36. 머리 자르고 싶은데요, 조금만 잘라주세요.
37. 파마하려고 하는데요, 이 사진처럼 할 수 있나요?
38. 이런 옅은 갈색이 제일 잘 어울릴 것 같아요.
39. 자전거가 고장이 났는데 고치는 것 좀 도와주세요.
40. 나는 그들에게 밥을 해주러 가요.
〈정답〉36. E　37. F　38. A　39. C　40. B

17과　一个月的房租是多少?
한 달 집세가 얼마에요?

| 회화 |

〈셋집을 구할 때〉
공인중개사: 무엇을 도와드릴까요?
민호: 집 한 채를 세 얻으려고요.
공인중개사: 어느 지역을 원하세요?
민호: 13호선 우다오커우역 근처에 있나요?
공인중개사: 있기는 있지만, 다른 집보다 좀 더 비싸요.
민호: 한 달 집세가 얼마에요?
공인중개사: 한 달에 5천 위안이고, 한 달 치 보증금을 먼저 내야 해요.
민호: 너무 비싸네요. 다른 집을 좀 더 보여 주세요.
〈셋집을 구경할 때〉
민호: 이 집은 원룸인가요?
공인중개사: 이건 원룸이 아니라, 방 하나에 거실 하나가 있는 집이에요.
민호: 이 방은 남향인가요?
공인중개사: 그래요. 햇빛이 잘 들어서, 절대 춥지 않을 거예요.
민호: 이 집이 아주 마음에 들어요. 싸다면, 제가 바로 계약할게요.
공인중개사: 월세는 3천2백 위안이고, 수도와 전기세는 포함되지 않아요.
민호: 필요한 가구를 제공받을 수 있나요?
공인중개사: 제가 집주인에게 한번 물어볼게요.

| OX퀴즈 |

〈해석〉
① 민호는 집 한 채를 사고 싶어해요.
② 민호가 세 들어 사는 집은 방 하나에 거실 하나로 되어있어요.
〈정답〉① X　② O

| 어법 |

1 不是A 而是B
〈예문 해석〉
① 이건 당신의 잘못이 아니고 내 잘못이에요.
② 그가 오지 않은 것이 아니라 제가 알리지 않은 거예요.
〈정답〉① B　② C

2 비교문
〈예문 해석〉
그는 나보다 많이 먹어요.
오늘은 어제보다 조금 더 추워요.
그녀는 나보다 더 능력 있어요.
이 셔츠는 새것보다 못해요.
서울의 여름은 북경처럼 덥지 않아요.

3 要是A 就B
〈예문 해석〉
해가 서쪽에서 뜬다면 당신한테 시집갈게요.
당신이 시간이 없어서 오지 못하면 내가 사람을 보낼게요.
〈정답〉① 我就签约了。　② 你不能来的话

| 연습 |

1 〈해석〉
① A : 무엇을 도와드릴까요?
　B : 집 한 채 세 얻으려고요.
② A : 어느 지역 원하세요?
　B : 13호선 우다오커우 근처에 있나요?
③ A : 이 집은 원룸인가요?
　B : 이건 원룸이 아니라, 방 하나에 거실 하나가 있는 집이에요.

2 〈정답〉① 套　② 而是　③ 朝　④ 肯定
〈해석〉
A : 이 집은 원룸인가요?
B : 이건 원룸이 아니라, 방 하나에 거실 하나가 있는 집이에요.

A : 이 방은 남향인가요?
B : 그래요. 햇빛이 잘 들어서, 절대 춥지 않을 거예요.
3 〈정답〉① 付   ② 要是   ③ 提供

| 新HSK 열독 제2부분 |

第41-45
〈해석〉
예제: 여기 양꼬치는 정말 맛있는데 너무 비싸요.
41. 집 한 채를 세 얻으려고요.
42. 있기는 있지만, 다른 집보다 좀 더 비싸요.
43. 원룸이 아니고, 방 하나에 거실 하나예요.
44. 싸기만 하면 바로 계약할게요.
45. 월 3200원이고 수도, 전기세는 별도예요.
〈정답〉41. F   42. D   43. A   44. B   45. C

18과 咱们到电影院去避暑吧!
우리 영화관에 가서 피서해요!

| 회화 |

〈영화를 보러 갈 때〉
민호: 너무 더워요! 정말 참을 수 없네요. 우리 시원한 곳에 가서 시간이나 때워요.
린린: 그럼 우리 영화관에 가서 피서해요!
민호: 하하! 당신 말은 일리가 있네요. 에어컨이 있는 곳이 바로 피서 명당이죠.
린린: 당신은 어떤 영화를 좋아하나요?
민호: 멜로, 액션, SF영화를 다 좋아해요.
린린: 아무래도 이렇게 더운 날씨에는 공포 영화가 가장 인기가 있죠. 이 영화 봤어요?
민호: 아직 못 봤어요. 그럼 내가 인터넷으로 표를 예매할게요.
린린: 그럴 필요 없어요. 나한테 공짜 표가 있어요.
〈영화를 볼 때〉
린린: 몇 시에 시작하나요?
민호: 시간이 아직 일러서, 영화가 아직 시작하지 않았어요.
린린: 그럼 내가 가서 먹을 것 좀 사 올게요. 뭐 먹고 싶어요?
민호: 나는 팝콘과 콜라가 먹고 싶어요. 아, 내가 할인권을 가져 왔어요.
린린: 이건 인터넷에서 다운받은 거지요?
민호: 맞아요. 이걸 가져가면, 매점에서 싸게 간식을 살 수 있어요.
린린: 어? 이 할인권은 이미 기한이 지나서, 사용할 수 없어요.
민호: 이건 간신히 다운받은 건데, 헛수고가 됐네요.

| OX퀴즈 |

〈해석〉
① 그들은 공포 영화를 볼 거예요.
② 민호가 가져온 할인권은 이미 기한이 지났어요.
〈정답〉① O   ② O

| 어법 |

1 접속사 不管
〈예문 해석〉
내가 집에 갈 때면 언제든 어머니는 나를 위해 맛있는 음식을 하고 기다리세요.
당신이 가든 내가 가든 상관없이 우리 모두 상황을 잘 이해하고 있어야 해요.
〈정답〉① 내가 어떻게 말하든지 그는 듣지 않아요.
        ② 당신이 어디에 있든지 나는 당신을 찾아낼 거예요.

2 ~了没有?
〈예문 해석〉
당신은 숙제를 다 했나요?
저 내일 이사하는데 당신은 들었나요?
〈정답〉① 这部电影你看了没有?
        ② 昨天你上班了没有?

3 구조조사 地
〈예문 해석〉
그들은 행복하게 함께 생활해요.
그는 흥분하며 말했어요. "대단해!"
〈정답〉① D   ② C

| 연습 |

1 〈해석〉
① A : 당신은 어떤 영화를 좋아해요?
   B : 저는 공포 영화 좋아해요.
② A : 이 영화 봤나요?
   B : 아직 안 봤어요.
③ A : 이거 인터넷에서 다운 받은 것인가요?
   B : 맞아요.

2 〈정답〉① 几点   ② 早   ③ 吃的   ④ 带来
〈해석〉
A : 몇 시에 시작하나요?
B : 시간이 일러서 영화가 아직 시작하지 않았어요.
A : 그럼 내가 가서 먹을 것 좀 사 올게요. 뭐 먹고 싶어요?
B : 나는 팝콘과 콜라가 먹고 싶어요. 아, 내가 할인권을 가져 왔어요.

3 〈정답〉① 受不了   ② 这儿   ③ 好不容易

| 新HSK 열독 제3부분 |

〈해석〉
예제1: 지금 11시 30분이에요, 그들은 이미 20분 동안 수영을 했어요.
        *그들은 11시10분에 수영을 시작했어요. (√)
예제2: 저 춤 출수 있어요, 그런데 잘 추는 건 아니에요.
        *나는 춤을 매우 잘 춰요. (X)
46. 정말 더워요! 못 참겠네요.
        *나는 더운 날씨를 제일 좋아해요.

해석 및 참고 답안

47. 멜로, 액션, SF영화를 다 좋아해요.
    *나는 영화 보는 것을 좋아해요.
48. 시간이 일러서 영화가 아직 시작하지 않았어요.
    *그는 늦게 왔어요.
49. 이 표는 어렵게 다운받았는데, 모든 것이 헛수고가 됐네요.
    *이 표는 사용하지 못해요.
50. 내가 집에 갈 때면 언제든 어머니는 나를 위해 맛있는
    음식을 하고 기다리세요.
    *어머니는 나를 위해 매일 맛있는 음식을 해 주세요.

〈정답〉 46. X   47. ✓   48. X.   49. ✓   50. ✓

19과 恐怕包儿被小偷偷走了.
아마 도둑이 가방을 훔쳐간 것 같아요.

| 회화 |

〈물건을 잃어버렸을 때〉
민호: 좀 도와주세요! 내 가방이 순식간에 사라졌어요.
탕웨이: 도둑맞은 건가요 아니면 잃어버린 건가요?
민호: 나도 모르겠어요. 아무리 찾아도 찾을 수가 없어요.
탕웨이: 가방 안에 무슨 중요한 물건이 있나요?
민호: 지갑, 여권, 애플 아이패드가 있어요.
탕웨이: 지하철에 두고 내린 거 아닌가요? 먼저 분실물
       센터에 가서 한번 찾아보세요.
민호: 나는 오늘 지하철 안 타고 왔어요. 아마 도둑이
      가방을 훔쳐간 것 같아요.
탕웨이: 그럼 빨리 경찰에 신고하세요!

〈여권을 재발급 받을 때〉
민호: 내 여권을 잃어버려서, 재발급을 받고 싶어요.
사무처 직원: 먼저 번호표를 뽑고, 앉아서 기다리세요.
민호: 여권을 재발급 받고 싶어요.
사무처 직원: 먼저 신청서를 작성하시고, 사진 2장도
             필요해요.
민호: 사진이 USB에 있어요.
사무처 직원: 그럼 이 일을 처리할 수 없어요. 사진을
             인화한 후 다시 신청하세요.
민호: 휴, 방법이 없군요. 다음번에 다시 올 수밖에 없네요.

| OX퀴즈 |

〈해석〉
① 민호는 지하철에 가방을 놓고 왔어요.
② 여권을 재발급 받으려면 신청서와 두 장의 사진이
   필요해요.
〈정답〉 ① X   ② O

| 어법 |

1 가능보어

〈예문 해석〉
오늘 숙제가 많지 않아서 한 시간 만에 끝냈어요.
이 밥은 저 혼자 다 먹은 거에요.
오늘 숙제 다 끝내지 못했어요.
이렇게나 많은 요리, 저 혼자 못 먹어요.
내가 중국어로 번역하는 거 알아듣겠어요?
중국어 공부 시작한 지 몇 개월이라 아직 중국 신문은 읽지
못해요.
이 문장은 이해가 되지 않아요.

2 被구문

〈예문 해석〉
어머니께 꾸중을 들었어요.
어머니께 꾸중을 듣지 않았어요.
방 청소하니 깨끗해졌어요.
옷이 모두 걸려있어요.

| 연습 |

1 〈해석〉
① A : 내 가방이 순식간에 없어졌어요. 아무리 찾아도 없네요.
   B : 도둑맞은 건가요 아님 잃어버린 건가요?
② A : 여권을 재발급 받고 싶어요.
   B : 번호표 뽑고 잠시 앉아서 기다리세요.
③ A : 먼저 신청서 작성하시고 사진 두 장도 필요해요.
   B : 사진이 USB에 있어요.

2 〈정답〉 ① 帮帮   ② 重要   ③ 钱包   ④ 落
〈해석〉
A : 좀 도와주세요! 제 가방이 순식간에 사라졌어요.
B : 가방 안에 중요한 무슨 물건이 있나요?
A : 지갑, 여권 그리고 아이패드요.
B : 지하철에 두고 내린 거 아닌가요?

3 〈정답〉 ① 恐怕   ② 办不了   ③ 只好

| 新HSK 열독 제4부분 |

第51-55
〈해석〉
A: 저는 오늘 지하철 타지 않고 왔어요.
B: 사진이 USB에 들어있어요.
C: 지갑, 여권 그리고 아이패드요
D: 번호표 뽑고 잠시 앉아서 기다리세요.
E: 그는 어디 있어요? 당신 혹시 그를 봤나요?
F: 도둑맞은 건가요 아님 잃어버린 건가요?

第56-60
〈해석〉
A: 방법이 없어요, 다음에 다시 오시는 수 밖에요.
B: 중국어 공부 시작한 지 몇 개월이라 아직 중국 신문은
   읽지 못해요.
C: 숙제 다 했어요?
D: 어머니께 꾸중을 들었어요.

E: 하나도 못 알아듣겠어요.
예제: 그는 아직 교실에서 공부하고 있어요.
51. 제 가방이 순식간에 사라졌어요.
52. 가방 안에 중요한 물건이 있었나요?
53. 지하철에 두고 내린 거 아닌가요?
54. 여권 잃어버렸어요. 재발급 받고 싶어요.
55. 먼저 신청서 작성하시고 사진 두 장도 필요해요.
56. 먼저 사진 현상을 하고 다시 처리합시다.
57. 내가 중국어로 번역하는 거 알아듣겠어요?
58. 그에게 무슨 일 있어요? 왜 그래요?
59. 중국 신문 읽을 줄 알아요?
60. 오늘 숙제가 많지 않아서 한 시간 만에 끝냈어요.
〈정답〉 51. F   52. C   53. A   54. D   55. B
         56. A   57. E   58. D   59. B   60. C

20과 你的行李超重了。
당신의 짐은 중량 초과네요.

| 회화 |

〈발권할 때〉
항공사직원: 예약번호를 말씀해 주세요.
민호: 여기 제 예약 정보예요.
항공사 직원: 창가 쪽 자리를 원하세요 아니면 통로 쪽 자리를 원하세요?
민호: 붐비지 않는 쪽을 원해요. 참, 마일리지 적립도 해주세요.
항공사 직원: 알겠습니다. 비행기를 놓치지 않으려면, 이륙 30분 전에 탑승 게이트로 오셔야 해요.
민호: 수화물은 어디에서 부치나요?
항공사 직원: 중국동방항공사 카운터 대각선으로 맞은편에 수화물 취급소가 있어요.

〈수화물을 부칠 때〉
민호: 이 짐을 부치려고 해요.
항공사 직원: 짐을 위쪽에 놓아주세요. 당신의 짐은 중량 초과네요.
민호: 그럴 리가 없어요. 짐 무게 제한은 얼마인가요?
항공사 직원: 이코노미석의 짐 무게 제한은 23kg이에요. 당신의 짐은 8kg 초과했어요.
민호: 할 수 없이 벌금을 내야겠네요.
항공사 직원: 부치는 짐 중에 신고할 물품이 있나요?
민호: 없어요.
항공사 직원: 절차가 다 끝났어요. 탑승권과 여권 가져가세요.

| OX퀴즈 |

〈해석〉
① 민호는 탑승 수속을 하고 있어요.
② 민호의 짐은 23kg를 초과했어요.

〈정답〉 ① O   ② O

| 어법 |

1 免得
〈예문 해석〉
찻잎이 쉽게 찢어져요. 찻잎이 찢어지지 않도록 다시 포장 부탁드려요.
옷이 젖지 않게 얼른 우비 입으세요.
〈정답〉 ① C   ② C

2 赶不上
〈예문 해석〉
① 나의 노력은 그를 따라잡지 못해요.
② 기차는 10분 후에 출발해요. 이미 늦었네요.

3 不得不
〈예문 해석〉
① 체면때문에 그가 할 수 없이 응답했네요.
② 회사 관계로, 할 수 없이 그들은 잠시 이별했어요.
〈정답〉 ① 할 수 없이 벌금을 내야겠네요.
         ② 일 때문에 그녀는 할 수 없이 귀국해야 해요.

| 연습 |

1 〈해석〉
① A : 창가 쪽 자리를 원하세요 아니면 통로 쪽 자리를 원하세요?
   B : 창가 쪽으로 해주세요.
② A : 수화물은 어디에서 부치나요?
   B : 앞에 수화물 취급소가 있어요.
③ A : 짐 무게 제한은 얼마인가요?
   B : 이코노미석의 짐 무게 제한은 23kg이에요.

2 〈정답〉 ① 告诉   ② 信息   ③ 免得   ④ 办理
〈해석〉
A : 예약번호를 말씀해 주세요.
B : 여기 제 예약정보예요.
A : 수속 마치셨어요. 비행기 놓치지 않으려면 이륙 30분 전에 탑승 게이트로 오셔야 해요.
B : 수화물은 어디에서 부치나요?

3 〈정답〉 ① 顺便   ② 超重   ③ 不得不

| 종합TEST |

1 〈녹음 내용〉
① 男：您想这么做头发？ 女：我想剪头发。
② 男：恐怕包儿被小偷偷走了。女：那你赶紧报警吧！
③ 男：你的行李超重了8公斤。 女：我不得不交罚款。
〈정답〉 ① d   ② a   ③ c

2 〈정답〉 ① A   ② D   ③ C

3 〈정답〉 ① 这种浅棕色挺适合你的。
         ② 这不是简单的而是一室一厅的。

해석 및 참고 답안

〈해석①〉
A : 어떤 색으로 염색하는 것이 제일 예쁠까요?
B : 제가 보기엔 이런 옅은 갈색이 잘 어울릴 것 같아요.
〈해석②〉
A : 이 집은 원룸인가요?
B : 이 집은 방 하나에 거실 하나로 되어있어요.
4 〈정답〉① 好不容易   ② 找不到
5 〈정답〉① 我想租一套房子。
         ② 这个行李我要托运 。
6 〈정답〉
① A: 今天我请你到我家吃饭。这算是我的生日派对。
   B: 谢谢你的邀请。几点开呢?
   A: 晚上七点开。
   B: 请你发短信告诉我你家的地址。
② A: 趁着假期，咱们去旅游吧！
   B: 去上海怎么样?
   A: 到上海要坐多长时间?
   B: 需要十二个小时左右。
7 〈정답〉

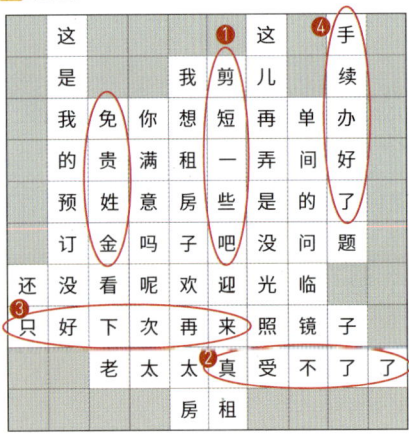

> " HiEnglish Global은 영어, 중국어 등 최고의 기업 외국어 교재를 출판합니다. "

• 일반 영어회화 [초급]

바로 나오는 나만의 영어 1 [기초패턴편]
영어식 발상을 나타내는 20개의 기초패턴으로 구성된 초급 영어회화교재입니다.

바로 나오는 나만의 영어 2 [기초동사편]
수많은 회화표현을 만들어낼 수 있는 기본 동사와 전치사의 쓰임을 알 수 있는 초급 영어회화교재입니다.

• 일반 영어회화 [중급]

잉글리시 엑스프레소 1 [상황편]
항공, 호텔, 병원 등 상황별로 꼭 알아야 할 핵심영어표현들을 익힐 수 있는 중급영어회화교재입니다.

잉글리시 엑스프레소 2 [주제편]
날씨, SNS, 쇼핑 등 주제별로 꼭 알아야 할 핵심영어표현들을 익힐 수 있는 중급 영어회화교재입니다.

• 비즈니스 영어 [고급]

Business Interaction [Presentation, Email, Meeting]
외국 파트너들과 효과적인 회의를 진행하기 위해 필요한 표현과 어휘를 익힐 수 있고, 영어로 프레젠테이션을 매끄럽게 발표하는데 있어 유용한 표현과 어휘를 공부할 수 있습니다. 다양한 비즈니스 환경에서 외국인들과 자신있게 협력하고 의사소통할 수 있습니다.

Business Pioneer [Office English, Job English]
학습자들에게 다양한 비즈니스 상황에서의 커뮤니케이션 스킬을 제공합니다. 특히 글로벌 비즈니스에 필요한 필수 표현을 익힐 수 있도록 구성되었습니다. OFFICE ENGLISH는 접대, 전화, 회의, 그리고 프레젠테이션 상황에 맞춰 말하기 및 듣기 능력을 기르는데 포커스를 맞춰 개발되었습니다.

• 중국어 회화

끝장 중국어 [기초 끝장내기]
기초 끝장내기 편은 중국어 입문자를 위한 기초 발음부터 상황별 실용회화까지 중국어의 기초를 탄탄히 다질 수 있는 내용으로 구성되어 있습니다.

끝장 중국어 [생활회화 끝장내기]
생활회화 편은 중국에서 생활할 때 필요한 필수표현은 물론 중국 특유의 문화에 대한 내용도 담고 있습니다.

끝장 중국어 [오피스회화 끝장내기]
오피스회화 끝장내기 편은 소개부터 비용 청구까지 다양한 업무상황에서 필요한 필수표현을 담고 있습니다. 현지 업무상황에서도 자신있게 소통할 수 있습니다.

끝장 중국어 [주재원중국어]
주재원중국어편은 다양한 중국생활의 가이드부터 중국회사의 회의, 협상방법까지 중국 주재원 생활에 필수적인 요소들로 구성했습니다.

끝장
중국어